금강산 유기

기파랑耆婆郎은 삼국유사에 수록된 신라시대 향가 **찬기파랑가**讚耆婆郎歌의 주인공입니다.
작자 충담忠談은 달과 시내와 잣나무의 은유를 통해 이상적인 화랑의 모습을 그리고 있습니다.
어두운 구름을 헤치고 나와 세상을 비추는 달의 강인함, 끝간 데 없이 뻗어나간 시냇물의 영원함,
그리고 겨울 찬서리 이겨내고 늘 푸른빛 잃지 않는 잣나무의 불변함은 도서출판 기파랑의 정신입니다.
www.guiparang.com

금강산 유기

초판 1쇄 발행일 2011년 12월 20일

지은이 | 이광수
해제 | 문형렬
펴낸이 | 안병훈
북디자인 | 김정환

펴낸곳 | 도서출판 기파랑
등록 | 2004년 12월 27일 제300-2004-204호
주소 | 서울시 종로구 동숭동 1-49 동숭빌딩 301호
전화 | 763-8996 편집부 3288-0077 영업마케팅부
팩스 | 763-8936
이메일 | info@guiparang.com
홈페이지 | www.guiparang.com

ISBN 978-89-6523-949-9 03900

금강산 유기

이광수 지음 / 문형렬 해제

기파랑 에크리 Ecrit

새롭게 펴내면서

춘원 이광수는 두 차례나 금강산을 다녀왔다. 첫 번째는 1921년 8월 3일 병을 앓고 난 아내와 함께 서울에서 경원선을 타고 철원에서 내려 그곳에서 금강산 철도를 타고 고산까지 간다. 고산에서 장안사까지는 자동차로 이동해서 망군대, 만폭동을 보고 11일 오후 비로봉에 올랐다가 다시 장안사로 돌아와 하루 머물고 다음날, 자동차를 타고 세동으로 가서 온정령을 넘어 만물초를 구경한 뒤 온정리에 머물다가 15일 구룡연을 보고 돌아온다. 서울을 떠난 날짜가 8월 3일이고 15일에 구룡연을 보았다는 기록이 있으나 서울로 돌아온 날짜는 없어 금강산 유람에 며칠이 걸렸는지는 알 수 없다. 그는 1923년 여름, 영호스님을 길안내로 삼고 박현환,

이병기 등 일행과 함께 원산 장전을 거쳐 신음사 보광암으로 들어가 유점사, 비로봉을 보고 은선대, 미륵봉, 안무재 백탑동을 거쳐 장안사로 돌아오는 두 번째 금강산 여행을 한다.

『금강산 유기』는 1922년 3월부터 8월까지 잡지 〈신생활〉에 연재된 것과 두 번째 금강산 여행한 것을 포함해 1924년 시문사에서 책으로 출간했다. 1939년에는 충남, 전북, 전남, 경남, 경북 등 남쪽 5도에 대한 기행문인 '오도 답파기'와 함께 『반도강산 기행문집』이란 제목으로 영창서관에서 나왔다. 당시 책값은 1.8엔. 이 책은 국어학자인 이윤재가 교정을 보았으므로 해제하는데 가장 적절했다.

『금강산 유기』에서 춘원은 서예가인 해강 김규진이 금강산의 절경에 글씨를 새긴 것을 매우 안타까워하다 못해 분개하고 있음을 여러 번 드러낸다. 바위에 새긴 글씨가 오랜 세월이 지나도 없어지지 않는 것을 탄식하며 "되지 못한 것에게는 오랜 세월의 그 추함이 영광일는지도 모른다"고 질책하며 금강산에 대죄를 범했다고까지 하고 있다. 유점사에 있던 오동烏銅 향로가 당시 궁내부 대신 민병석이 가져갔다는 기록도 나온다. 선도를 닦던 박빈 거사가 선암에서 승천했으며, 신계사 화엄각 암자에서 제자를 데리고 곱돌로 천불千佛 조성을 하며 생식을 하는 기인 최기남에 대한 기록도 흥미롭다.

『금강산 유기』는 문장이 유려하면서도 섬세하고 사실적이다. 절경에 대한 시조는 영탄조이나 맛보기로 읽을 만한 정도이며, 금강의 아름다움을 그린 그의 글을 따라 읽으면 함께 금강산 구경을 다니는 느낌이 들 만큼 절승을 묘사한 솜씨가 뛰어나면서도 구체적이라 가슴을 울렁울렁하게까지 한다. 그는 매월당 김시습이 금강산을 여덟 번이나 찾았는데 비해 두 번 밖에 보지 못했으니 겨우 금강산 진면목의 3분의 1, 또는 4분의 1밖에 보지 못했으며, 그 승경勝景은 말과 글로 형용하기 어려울 정도라고 한다.

　기행문의 백미로 삼을 만큼 보기 드문 명문이나 한문과 한자식 어투가 많아 읽기에 어려움이 많아, 가능하면 당시의 표현과 문법을 그대로 살리면서도 오늘의 어법에 맞게 쉽게 옮기고자 애써 보았다. 필요한 경우에는 한자를 병기하였고 원문의 뜻을 살린다는 의미에서 옛날식 표현도 될 수 있는 대로 그대로 살려 금강산의 절경과 함께 당시의 어법을 새겨보는 즐거움도 더하고자 했다. 본문에 평어체와 경어체가 쓰인 부분도 그대로 옮겨두었다. 평어체와 경어체가 함께 쓰인 그 까닭은 그가 잡지에 기행문을 연재하면서 독자를 염두에 두면서도 일기체의 형식을 함께 썼기 때문일 것으로 보인다.

남북관계에 따라 금강산 관광길이 열리기도 하고 폐쇄되기도 하니 참으로 안타까운 일이다. 해제하는 내내 '조국의 자랑'이며 천하의 절경인 금강산이 온전히 겨레의 품으로 돌아오기를 바라는 마음이 간절하다.

2011년 겨울
문형렬

목 차

남대문역에서 고산高山으로

8월 3일. 맑음

아침 8시 15분, 원산행 기차를 타다. 날씨는 더구나 청명하여 한강의 물빛이 정히 좋고 올해는 풍년인 듯 논에 벼들도 충실하다. 서빙고, 왕십리, 청량리를 지나 우리의 차는 동북으로 질주합니다.

북한산, 삼각산, 도봉의 산들도 아름답지만 금강산을 보러 가는 우리의 눈은 거기에 마음 둘 여유가 없다. 소요산은 가을에나 보리라 하면서 동두천의 맑은 개울을 끼고 올라 고원지대의 들머리인 전곡숲谷에 오다. 전곡역 앞에는 언제나 장작이 산더미같이 쌓였다. 서울로 올라가는 것인가. 조, 콩 같은 밭곡식이 많고 손바닥만한 논들에는 인제 겨우 모를 내었을 뿐.

여기서부터 산에는 푸른 삼림이 있고[001] 강에는 맑은 물이 흘러, 송충이와 같은 근대 조선인의 손독에 빨갛게 털이 뽑히고 껍질이 벗겨져서 쓰린 살에 피가 흐르도록 늙고 병들지 않은 젊은 땅의 반가운 모습을 볼 수 있다. 땅의 힘도 자못 비옥한 듯하여 벼도 잘 되고 밭곡식도 잘 되었다. 이 근방의 조짚과 콩짚 많은 것을 이용하고 또 황무지에 목초를 심었으면 소와 말을 키우는 일이 잘 될 것 같다.

　연천을 지나 5, 6분이나 가니 밭 가운데 나무 작지바리를 세우고 붉은 선을 두른 길이 7, 8척[002], 폭이 2척쯤 되는 흰 광목에 큰 글씨로 '농자천하지대본야農者天下之大本也'라 쓴 기가 날고, 그 곁에서 머리에 수건을 동인 농부가 누런 소로 조밭을 후치고 있다.

　기차는 협곡을 따라 내려오는 맑은 개울과 만났다 떠났다 하면서 거슬러 올라간다. 산들은 모두 제 모양을 가지고 있다. 죽어가는 노인의 주름살 잡히고 뼈마디 내민 몸뚱이와 같은 산들이 아니고, 청춘 혈기에 지방이 풍부하여 어디를 보든지 처녀의 어깨와 같이 둥그레한 산들이다. 대광리

001　잣나무 전나무가 많다
002　1척: 약 30cm

라는 작은 마을 역에 다다랐다. 나는 이 일망무제—望無際 한 고원을 보고, 또 그것이 대부분 처녀지의 초원인 것을 보고, 여기서 소를 많이 길러서 경성京城 인사들에게 영양분이 많은 쇠고기와 우유를 공급할 것을 생각하고 신문에 낼 광고문을 지어보았다.

"지금까지의 쇠고기는 질기고 양분이 적습니다. 그것은 그 소들이 영양분이 없는 풀만 먹고 일생을 노역에만 종사한 까닭이외다. 전곡(또는 연천)의 우육은 만만하고 기름집니다. 그것은 콩을 많이 먹이고 노역을 아니 시켜 전혀 고기소와 젖소로 기른 까닭이외다."

"우리 목장에는 수천 두의 살찐 소가 있고, 또 해마다 수천의 살찐 송아지가 납니다. 이래서 값싸고 만만하고 맛나고 자양滋養이 있는 쇠고기와 우유를 우리 조선의 뇌수이면서도 혈분과 지붕이 부족하신 경성 동포들에게 공급합니다."

과연 조선동포는 혈분과 지방이 부족합니다. 이른바 기氣 부족, 혈血 부족입니다. 의학과 법학을 배운 이가 각각 천에 가깝지마는 아직 한 종의 저서, 한 자리 박사논문을 쓰는 자도 없을 만큼 학문과 이론을 탐구하는 두뇌의 명석과 야심과 용기도 없습니다.

그 넓으나 넓은 태평양, 대서양 바다에 화륜선火輪船(=기선) 하나 띄워놓을 생각도 없고, 그 빈대, 벼룩, 노래기, 모기 끓는 구린내 나는, 쓰러져가는 초가집을 모두 다 무너뜨려버리고 벽돌, 화강암, 대리석으로 시원한 2, 3층의 높고 큰 누각을 지어보리라는 기운도 없습니다. 그냥 오무작거리고 꾸물거립니다. 손바닥에 침을 탁 뱉어 쇠뭉치 같은 주먹을 불끈 쥐고, 민족 만년의 진로를 뚫어 열리라는 의기意氣도 없습니다. 이러한 부족증不足症에 들린 이들에게 이곳 처녀지의 신령스런 풀과 샘물을 먹고 자란 고기와 우유를 오래 먹일 필요가 있습니까, 없습니까.

나는 본래 소를 좋아합니다. 그의 질박하고도 침착하고 무게 있는 생김생김, 느리고 부지런함, 그의 유순함, 그러면서도 일생에 한두 번 노할 때에는 그 우렁찬 영각, 횃불 같은 눈으로 뿔이 꺾어지도록 매진함, 그의 침묵함, 그의 인내성이 많고 털 하나 뼈 한 조각 할 것 없이 다 유용하게 쓰임, 자양 많은 고기와 젖…. 이런 것을 다 좋아합니다. 말은 잔

소리가 많고 까불고 사치합니다. 나귀는 모양이 방정맞고 성미가 사납고 소리와 생식기만 큽니다. 우리는 쇠락하여 가는 어떤 백성이 생각납니다. 그러나 소는 천진합니다. 장래성이 많습니다. 나는 소를 배우고자 합니다. 그래서 소를 치고자 합니다.

내 경외하는 벗 유영모 군은 호를 농우農牛라 하여 농우의 덕을 사모하노라 하는 말을 들었거니와, 나도 더욱 농우주의農牛主義의 웅혼한 참맛을 깨달아갑니다. 대광리를 지나서는 기차도 나와 같이 소를 배워 소걸음 같이 느리게 올라갑니다.

좌우로 나란히 이어지는 산에 소나무는 푸른 하늘을 토하고 잣나무와 낙엽송은 뽀얀 안개를 토합니다. 길가 처녀지 고원의 풀밭에는 도라지꽃의 자줏빛, 범부채꽃의 누른빛, 벌국화의 흰빛이 그 소박한 빛으로 소박한 자연을 장식하였습니다. 산개천의 여울을 넘어가는 점잖은 소리, 교회당 합창의 베이스 같은 귀뚜라미의 찰찰하는 으늑한 소리를 듣노라면 여기 저기 쇠똥덩어리 같은 화산암이 풀 속에 비죽거리는 철원 벌판이외다. 산들은 지평선 밑에 숨어 앉아서 머리만 뾰족뾰족 내밀고, 개천은 땅 속으로 스미어 여울여울 울음소리만 냅니다. 우묵어리에 수두룩히 모여 앉아 조는 촌락들을 아름답게, 슬프게도 보는 동안에 철원역에 왔습니다.

철원은 본고구려本高句麗 모을동비현毛乙冬非縣, 한문 명으로 철원군鐵圓郡으로 고구려 말년에 일대의 영웅 궁예의 나라, 태봉의 수도되었던 곳이외다. 읍에서 북쪽으로 27리쯤 되는 곳에 궁예의 서울인 풍천원楓川原의 토성 터가 있다 하나, 차에서는 어딘지 알 수 없습니다마는 저 황망한 초원 가운데 있을 것임은 분명하외다.

풍천원 옛 서울을 바라보니 추초秋草로다
고암산 넘는 백운白雲 뜻이야 있으랴만
머흘고 못 가는 양은 눈물겨워 하노라

행인이 추초 속을 자세히나 찾았노라
영웅의 꺾인 칼도 하마 아니 있으랴만
가인의 뿌린 홍루紅淚야 더욱 할까 하노라

산천이 웅장커니 영웅이 없을소냐
천하天下가 어질으니 득의得意의 추秋이로다

장사壯士야 그 많고 만 것을 못내 슬허하노라

궁예는 당시 강원, 함경, 경기, 황해, 평안의 거의 전부를
점유하여 후고구려라 칭할 만큼 위세가 융융融融하였습니
다. 지금 눈앞에 펼쳐진 망망한 평원은 실로 그의 말 달리고
활 익히던 터요, 삼군三軍의 병마를 몰아 눈보라치던 터외다.

갈앗재 비낀 볕에 칼 두르는 저 장사야
삼군을 휘몰아서 어디로 가는 길고
천하天下가 어질다커늘 갈 길 바빠하노라

설월雪月에 칼이 얼고 삭풍에 활이 운다
삼천철기를 달려가는 용사님네
눈보라 재오치던 양을 이제 본 듯하여라

전곡에서 검불랑檢遍浪, 세포洗浦에 이르기까지 근 200리
의 대고원은 실로 남성적이외다. 더욱이 누렇게 서리쳐 마
른 풀에 갈바람이 지나는 석양, 삭풍에 날리는 눈보라에 찬
달이 비치는 야경은 상상만 해도 비장극의 무대이외다. 첩

목아홀필열帖木兒忽必烈[003]이 만군萬軍을 휘몰던 몽고의 고원에 비겨 규모는 작으나 그 맛은 방불彷彿[004]합니다. 여기 궁예가 말 달리던 천 년 전의 옛날을 생각하면 마음속 사무침을 금치 못합니다. '산천은 의구依舊컨만 인걸은 간 데 없네' 하고 탄식을 금치 못합니다.

철원역을 지나, 기차는 크게 나선형 모양을 그립니다. 앞길을 마주보고 온 길을 돌아보면서 두 개의 큰 활처럼 굽은 길을 지나면, 이 고원의 평평한 고개라 할 만한 마루터기에 오릅니다. 여기서부터 고원지대 특유의 키 작은 으아기(=억새)가 바람에 나불거리는 속에 청승스러운 도라지꽃과 으아기 뜯는 소가 희박稀薄한 햇빛 아래 호젓하고 쓸쓸한 변방의 맛을 보입니다.

다음에 닿는 곳이 평강역平康驛. 육군용의 범포帆布[005]로 덮인 말꼴이 산같이 쌓였습니다. 이 고원에 나는 풀은 대개 으아기나 밀풀, 벼과에 속한 것으로 모두 목축에 적당한 것이외다. 이 땅의 대부분은 어떤 귀족의 소유라 하며, 세포에

---

003 테무아 쿠빌라이, 원나라의 초대황제
004 거의 비슷함
005 돛을 만드는 천

는 관영官營 모범목장이 있고 장차 대규모로 목축을 경영한다 합니다.

역의 북쪽 2, 3정町[006]쯤에 궁예가 사격을 익혔을 듯한 묘하게 생긴 작은 부락이 4, 5개 둘러서고, 그 밑에는 가슴에 기운이 넘치는 그가 눈 내리는 달밤에 철풍鐵風을 채치는 모습이 보이는 듯합니다.

평강은 고구려의 어사내於斯內[007]인데, 역시 궁예의 노닐던 땅이라. 그가 사냥을 하러 다니다가 쉰 데라하여 쉼고개라는 데가 있고, 그가 패하여 달아나다가 갑옷을 벗어 버렸다 하여 갑천甲川이라는 내가 있고, 그가 숨어서 굶으며 밀 이삭을 비비다가 살해당하였다는 암곡巖谷이 다 평강에 있습니다. 성현成俔[008]의 시에 "뭇 산들이 비껴 지나가고 광야에는 슬픈 바람소리만 이네. 동주로 가는 길에 눈발이 가득하고 궁예의 성은 눈에 덮였네. 갑계에는 큰 사슴이 목을 축이는데, 계령 쉼고개 거친 땅에는 개암나무와 모령나무가 우거져 있네. 옛 생각이 그치질 않으니 애처로운 마음 감개에 젖네."

---

006 1정: 약 3,000평
007 일명 부양현斧壤縣
008 조선초기의 학자로 악학궤범을 편찬했고 용재총화를 지었다

군산홀횡단 群山忽橫斷 광야비풍생 曠野悲風生
설만동주로 雪滿東州路 설저궁예성 雪低弓裔城
갑계음미록 甲溪飮麋鹿 계령황진형 憩嶺荒榛莉
회고의불헐 懷古意不歇 감개다유정 感慨多有情

이라 한 것은 이 땅의 비장한 경치를 읊조리고 궁예의 비
장한 일생을 애도한 것이외다. 나도 한 노래를 읊조리니,

갑계의 내린 물이 어느 제나 끊일 것고
영웅의 천고 한을 풀을 길이 없사오며
밤낮에 물어예어도 끊일 줄을 몰라라

삼군이 흩어지니 갈 길이 어디런고
암곡嵒谷에 주린 몸이 밀 이삭을 비비올 제
아무리 무심한 백성이기로 해害할 줄이 있으랴
너마저 가버리니 강산이 적막해라
옛날의 빛날 일을 뉘 있어 이을 것가
지하에 부짖는 소리를 듣잡는 듯 하여라

평지에 벼 잎이 나부끼는 것을 한참이나 보노라면, 경원선(서울~원산)의 중간인 복계역, 다음 차선은 가장 높은 곳인 해발 2,000여 척(=약 600m)의 검불랑이외다. 이로부터 대양大 洋의 금실금실하는 파도와 같은 수십 줄기의 느릿느릿한 평행곡선의 높낮이가 있습니다. 소나무가 우뚝우뚝 서 있고 컴컴한 바위, 뭉틀뭉틀 박힌 산 같은 것을 넘으면 크고 작은 물결의 굴곡이 더욱 웅혼하고 복잡하게 되어 특 불거진 언덕, 움쑥 우거진 골짜구니, 차를 타고 앉았어도 배 멀미가 날 듯한 여기가 나의 이른바 검불랑 요철고지외다.

차는 파도치는 봉우리에서 파도치는 봉우리를 헤엄쳐 건너기도 하고, 이따금 한 파봉 마루터기를 타고 미끄러지기도 합니다. 멀리 동남쪽을 향하여 여기보다 4,500척이나 낮은 듯한 대패로 밀어놓은 평지, 파란 풀판에는 100척, 200척, 300척 높이나 될락말락한 십 수 개의 작은 봉우리들이 한 줌씩 되는 삼림을 이고 지고 아이들 모양으로 술래잡기를 합니다.

풀바다! 풀바다! 나의 사랑하는 누렁이 소가 즐겨 먹을 듯한 푸른 으아기 바다! 도라지꽃의 자줏빛, 범부채꽃의 누른 빛. 키 작고 가직하고[009] 밝은 녹색의 풀바다! 신선하고 자유로운 풀바다! 소들을 저 경사면에 들내(풀어)놓고 싶다. 천마리 만 마리 큰 소, 어린 송아지, 고삐도 없이 들내 놓고 나도 저기 섞여서 뛰고 싶다. 아아, 끝없는 풀바다, 수없는 도라지꽃, 범부채꽃, 귀뚜라미 소리!

풀바다 넓기도 해라 시원키도 한 저이고
송아지 천만마리 저기다 들내 놓고
나마저 한데 어울려 뛰놀고자 하노라

송아지 부러워라 네야 무슨 일 있으리
풀 먹고 마시고 꼬리치고 누웠으니
어미의 '젓머' 소리도 못 들은 체 하더라

도라지 붉은 빛이 범부채 누른 빛이
으악새 옥색모전玉色毛氈[010] 점점이 수놓으니
늙은 소 누워서 졸고 송아지는 뛰더라

<hr>

009　거리가 조금 가까운
010　옥색 털로 짠 양탄자

검불랑을 지나 굴들을 지나니 벌써 소슬한 바람이 가을 기운을 머금었는데, 차는 풀바다 파도치는 절벽에서 절벽으로 건너뜁니다. 해발 2007척의 고개를 넘어서니 풀 속에 커다란 백합 한 송이가 고개를 수그리고 있습니다. 이로부터 여기저기 혹 한 송이, 혹 두 송이 백합이 핀 것이 보입니다. 이 회색의 인적이 없는 황야에 연연하고 단정한 백합의 모습은 참 가련합니다.

세포역을 지나서 골짜기에 한두 집 쓰러져 가는 띠집이 있습니다. 김예몽金禮蒙[011]의 소위 '봉필여잔호蓬蓽餘殘戶[012]'외다.

세포에서 몇 분을 가면 물소리 점점 소란스럽고 산곡이 점점 복잡하여서 깊은 산의 기운이 가득하기 시작하니 곧 삼방三防의 깊은 골짜기라는 분수령分水嶺이외다. 톱니바퀴처럼 마주 물린 계곡으로 한 무리의 격류가 암석에 마주치고 뛰어오르고 타고 넘어, 눈을 날리고 구슬을 바수며 소리를 지르고 노래를 불러 꼬불통꼬불통 달려 내려오고 양쪽 낭떠러지의 천길 절벽에는 기암奇巖이 쭈그리고 노송老松이 매달

---

011 조선 전기의 문신으로 시문에 능했으며 사람을 보는 안목이 뛰어났다
012 가난한 사람의 무너진 지게문짝만 남아 있구나

려 '어허 호위호위재於噓呼危乎危哉[013]'라는 촉도난蜀道難[014]의 탄
성을 자아낼만합니다. 차는 굴을 지나 철교를 건너고, 굴
을 나와서는 철교를 건너 지나면 하늘과 물이 번쩍하고 들
어서면 지축이 울리는 암흑세계, 이러기를 거의 십여 차례
한 뒤 삼십 리나 되는 산골짝을 지나 삼방이라는 산간의 추
운 역에 옵니다.

삼방의 깊은 골짜기는 절승絶勝의 하나에 들 만한 경치외
다. 나는 지난해 처음 여기를 지날 때에 "아아, 금강산이란
이런 것인가" 한 일이 있습니다.

삼방역 부근에는 폭포도 있고 약수도 있다하나 그냥 지
나 정오에 고산역에 내렸습니다.

---

013 위험하기 그지없구나
014 귀촉도와 관련된 고사. 촉나라 망제가 황제 자리에서 쫓겨난 뒤 다시 촉나라로 돌
     아가고자 애를 썼으나 결국 돌아가지 못하고 죽어 두견새가 되었다고 한다. 돌아
     가는 길이 매우 어렵다는 뜻

고산역~철령관鐵嶺關~장안사長安寺

고산역 앞에는 장안사로 갈 자동차가 우리 일행을 기다리고 있습니다. 마침 다른 손님이 없어 승객 네 명을 실을 자동차를 두 명(춘원 부부)이 차지하여 가지고 뭉게뭉게 몰리는 구름과 으스스한 동남풍에 비 만날 것을 근심하면서 고산역을 떠났습니다. 어디를 가든지 말씀 아니게 초라한 조선 시가지를 지나 차는 아직 다져지지 않은 신작로의 주먹 같은 자갯돌015 위로 춤을 추면서 달아납니다. 가까스로 자동차 하나가 통할만한 신작로, 게다가 길이 굽고 경사가 심하고, 자갯돌 판에는 껑충껑충 뛰고, 진흙 판에 푹푹 박히는 자동차

015 자갈의 평안도 사투리

여행은 참말 못해 먹을 일이외다.

　이러기를 약 이십 분 지난 뒤 까맣게 하늘에 닿은 듯한 철령 밑에 다다랐습니다. 여기서부터 자동차는 급경사, 심하게 굽은 불규칙한 나선상의 산길을 개미처럼 기어오릅니다. 한갓 푸푸 하는 숨소리만 크고 가솔린 타는 냄새만 피워 부득부득 애만 태울 뿐이요 좀처럼 길은 걸어지지 아니 합니다. 가다가는 힘이 부쳐 우뚝 서고, 서서도 펄떡펄떡 새 힘을 내어 또 몇 걸음을 가서는 또 서고, 이 모양으로 얼마를 올라가서는 자동차도 기력이 다해 차고 맑은 산 샘의 얼음 같은 물을 마시어 불이 일만한 가슴과 다리를 쉽니다. 우리도 내려서 물을 마시고 딸기를 따 먹었습니다. 물은 철령의 가슴에서 솟는 것이라 차기도 하고 맛도 좋거니와, 딸기는 아직 맛이 없습니다. 이 깊은 산골에 딸기가 본래 많지만 다 이렇게 맛이 없어서 실망하였습니다.

　이곳을 떠나 우리 자동차는 더욱 경사와 굽이가 급한 산길을 기어오릅니다. 내려다보면 온 길이 바로 발밑에 구불거렸고, 쳐다보면 오를 길의 이 도막 저 도막이 바로 이마 위에 번뜻거립니다. 몸이 자동차와 함께 만장절벽의 산중턱에 달렸으니 내려다보면 눈이 아찔아찔하고 쳐다보면 머리가 아뜩아뜩하지만, 그 중에도 급한 각도로 봉우리 모퉁이를 뺑그르 돌아 자동차의 코가 흰 구름을 뚫고 허공 속으로 들어갈 때에는 진실로 모골이 송연하고, 모르는 사이 주먹에 땀을 한 줌씩 쥐게 됩니다.

이 짓을 수십 차례나 하고 한 시간여의 시간을 들여 마침내 철령 마루터기에 오르니 한숨이 휘유 하고 나옵니다. 다 올라와서 내려다본즉 산 밑이 바로 2, 3리 거리밖에 안 될 것 같은 것을 한 시간이나 그 몹쓸 애를 다 썼습니다. 아무려나 철령은 꽤 깎아 세운 산이외다. 산이라기보다 1천여 척(=약 300m 높이)의 무서운 벽이외다. 거기를 우리 자동차는 우리를 담아 가지고 개미 모양으로 기어 올라온 것입니다.

김극기金克己[016] 시에 '말발굽이 나무 끝에 걸려 있고, 문득 구름 속에 사람 그림자가 번득이네'[017]이라는 구절이 있으니, 앞서 올라가는 사람과 말이 이렇게 보일 것은 사실이외다. 그 중에도 '인영섬운중'은 참 묘합니다.

바로 마루터기 남쪽에 조그마한 주막 한 집이 있고, 그 마

---

016 고려 말 조선 초기의 시인, 학자. 벼슬을 마다하고 자연을 벗 삼아 일생을 보냈다. 저서로 「지월당 유고」가 있다

017 마제현수초馬蹄懸樹梢 인영섬운중人影閃雲中

당에는 빈 마차와 말 한 필이 매였습니다. 아마 길 가다가 들어 쉬는 곳인가 봅니다. 성현의 이른바, "험하고 좁은 길을 지나서 어지럽게 자란 나무 사이를 헤쳐 열고 들어가니 깊은 숲 속에 판잣집이 있어 나그네는 말안장을 내려놓네"이외다. 마루터기에 올라설 때 곧 느껴지는 높은 산의 찬 기운은 이달李達[018]의 '철령관 높은 곳에 가을빛이 가득하구나'[019]란 구절이 가장 잘 말한 것 같습니다.

옛날 철령에 관關이 있어 관동關東, 영동嶺東, 관북關北, 영북嶺北 같은 말이 생겼고, 관에는 수비하는 군사가 있어 우리와 같은 행인의 물금勿禁[020]과 행장도 조사하고, 의심스러운 자가 있으면 포박도 하였을 것이외다. 일찍 여기서 원나라 군대를 막던 나유羅裕[021]가 "장정 하나가 버티고 서 막으면 1만 명이 뚫지 못한다는 철령관을 버리고 도망하여 이곡李穀[022]으로 하여금 나공은 정말 담이 작구나" 하는 감탄을 불러일으키게 하였습니다.

---

018 조선 중기의 시인으로 당시唐詩 풍의 시를 잘 지었다. 말년에 강원도 원주 손곡리에 은거하며 허균과 허난설헌을 가르쳤다.「손곡시집」이 있다
019 철령관고추기다鐵嶺關高秋氣多
020 여행권
021 고려 충렬왕 때의 무신
022 고려 말기의 학자로 시문에 뛰어났다.「가정집」,「죽부인전」 등이 있다

나는 당시의 장소가 어딘지도 모를 뿐만 아니라 자동차로 달아나는 길이므로 물어보거나 찾아볼 수도 없지만 이곡의 '나그네가 관문에서 잠시 눈을 뜨니 붉은 깃발과 검은 색긴 창이 함께 배회하는구나'[023]라든지, '구름 가득한 관산에 날아가는 새들마저 끊어지니 닫힌 황성을 향해 황혼빛에 화각書角(= 뿔에 그림을 그린 악기)을 부네'[024]라든지, 그 중에도 국가의 방비가 해이하여 원나라를 방어해야 할 중요한 땅인 철령관 퇴폐頹廢[025]를 통탄한 '난리 통에 마을 문은 적막하고 잡초 우거진 성은 무너진 지 오래건만 모였다 흩어지는 변방의 가련한 벼슬아치들은 오히려 의관의 예를 다해 오고 가는구나[026]같은 것으로 당시 철령관의 맛을 대강 짐작할 것이외다. 어째 옛날 모양이 그리워집니다. 붉은 깃발과 검은 긴 창이 무리 지어 배회하는 속으로 말을 달려 들어가고도 싶고 운만관산雲滿關山[027]한데 황혼에 화각의 슬픈 가락에 몸을 담그고도 싶습니다.

---

023 로인관문안잠개 홍기흑상공배회 路人關門眼暫開 紅旗黑槊共徘徊

024 운만관산비절조雲滿關山飛鳥絶 황혼화각폐황성黃昏畫角閉黃城

025 쇠약하여 결딴이 남

026 연화이려다적막煙火里閭多寂寞 초래성보구최퇴草萊城堡久催頹 가린취산변향리가련취산변향리可憐聚散邊鄉吏 유구의관예왕래猶具衣冠禮往來

027 산과 어울려 구름이 가득 찬 모습

철령 높은 고개 자동차로 넘어서니

홍기흑상의 철성관鐵城關이 어디멘고

헤매는 백운白雲을 보고 예 그리워하노라

묻노라 나만호羅萬戶야 혼이라도 들었으라

철령중관을 두고 닫기 무삼 일고

그날에 원구元寇 들였음을 못내 슬허하노라

영嶺을 넘어서부터 자동차는 깊은 산골짜기의 굼틀거린 길로 장달음을 쳐 내려갑니다. 바위 뿌리를 차고 산개천에 물보라를 치고 건너는 등 과연 난폭한 자동차외다. 계곡에 붙어 오 리에 한 집, 십 리에 한 집, 두꺼비 집 같은 산가가 있고, 그 근방에는 산허리를 갈라놓은 삼밭과 귀밀밭이 있습니다. 어떤 집은 오래 주인을 잃어 한편으로 반쯤 쓰러지고, 어떤 집에는 지붕의 풀이 땅의 풀보다 더 길게 자랐습니다. 반쯤 썩은 물방아 바퀴가 언제 돌아본 지를 잊은 듯이 섰습니다.

실로 비참한 농민생활을 생각합니다. 13도 그 많은 산골짜기에 이러한 생활 없는 곳이 없고, 그도 부족하여 서북간도西北間島까지 들어가서 이러한 곤궁한 생활을 아니 하지 못

합니다. 서간도西間島라 하면 일망무제一望無際 [028]한 평원, 옥야 만리沃野萬里 [029]에 주인 없는 땅뿐인 줄 아는 이가 많지만, 우리 동포들이 떨어져 있는 곳은 대개 여기와 같은 산골짜기외다. 옛사람의 말과 같이 "음기가 깊고 물이 자주 넘쳐 갈수록 밭이 황폐해지기 쉽다"하여 아무 생활의 안전이 없는 생활을 하고 있습니다. 그러한 동포가 수백만에 달할 것이니 생각만 하여도 소름이 끼치고 뼈가 저립니다.

교각礒角 [030]한 산곡간山谷間에 심으니 무에 되나
금년도 조상강早霜降 [031]에 조도 콩도 다 녹았다
이 겨울 먹고 살 일이 하도 막막하여라

소 팔아 노자하여 오기가 잘못이다
저 골에 아들 죽고 이 골에 아내 묻어
혈혈타 늙은 외몸이 갈길 몰라 하노라

---

028 끝없는
029 넓게 펼쳐진 기름진 들판
030 메마르고 돌 많은
031 빨리 서리가 내리니

평생에 게으른 날 하루도 없었건만

이 몸도 배부른 적 몇 번이나 되었는고

부귀야 바라리오마는 먹을 것을 주소서

진실로 빈궁한 농민은 반드시 나태한 자가 아니외다. 그들의 대부분은 일생을 두고 7, 8세의 어린 때에 아이를 업고 소를 먹일 때로부터 6, 70 노령에 다시 아이 업고 소를 먹일 때까지, 나태는커녕 하루 밤낮의 한가로움도 맛보지 못하고 그들이 흔히 말하는 바와 같이 뼈가 휘도록 일하고 벌었습니다. 그러면서도 그들은 일생에 배부른 날 하루도 보자 못하고, 누더기 속에서 배고파 우는 자녀들을 보면서 마지막 눈을 감아야 합니다.

어디 가 살찐 땅을 한 만 리나 얻어 놓고

주리는 저 동포를 다 데려다 주옵고저

창천蒼天아 말씀하소라 새 복지福地가 어디뇨

이러한 골목을 쳐나가면 다시 고개가 있고, 고개가 있으면 다시 골목이 있어 지친 몸을 자동차에 맡기고서 100여 리를 달리니, 잔잔한 맑은 물에 긴 다리 비낀 곳이 고구려 때 가혜아 加兮牙, 조선 초 회양도호부이던 회양淮陽 읍이외다. 고 산서 여기까지 140리, 여기서 장안사가 120리.

읍이라 하여도 산간의 작은 마을에 불과합니다. 호수는 사십이나 될까. 그것도 모두 다 초가요, 군청과 경찰서, 면사 무소가 기와를 덮었으니 기와집이외다. 자동차가 어떤 일본 인 상점 앞에 서자 5, 6세에서 14, 5세까지의 아이놈들이 15, 6명이나 모여들어 자동차를 에워싸고, 그 위에 앉은 우리의 얼굴을 들여다보고 지껄입니다. 어떤 놈은 머리를 깎고 어떤 놈은 꼬리를 땋고, 어떤 놈은 희고 어떤 놈은 검고, 용모와 차림은 가지각색이라도 심술 사나운 장난꾼인 것과 얼빠진 세계적 시골뜨기인 것은 공통입니다. 그러나 도회에서 자란 간교함에 반들반들 닳아진 것보다는 훨씬 장래성이 많습니 다. 진실한 분량이 그 중에는 고작이기 때문에.

회양서부터 도로는 지금까지보다 훨씬 낫습니다. 그렇다 고 평지는 아니라 수없는 작은 고개와 계곡, 골을 오르고 내 리고 돌고 하지만, 거의 한 시간여쯤 하여 꽤 높은 고개에 기 어오르니 이것이 금강산의 중문이라 할 만한 말휘령末輝鶴이 외다. 마침 황혼이 가까운 높은 고개라 한랭한 산기운이 사람을 엄습하고, 검푸른 산의 몸이 문득 보이다가 문득 스러지고, 문득 오르다가 문득 내리는 안개도 몸에 쪽쪽 소름이 끼칠 만큼 신비하고 삼엄합니다.

고갯마루에 오르자 남으로 향해 짙은 청색, 반투명의 웅장하고도 속세를 벗어난 산마루가 흰 구름 중에 머리를 감추고 내려다봅니다. 옳지, 이것이 금강산이로구나 하는 생각이 직각적으로 납니다. 그것은 그 영롱하고 웅위雄偉한 산의 모습이 이승에서 처음 보는 것이기 때문이외다. 후에 생각하여 본즉 이것이 저 비로毘盧 영랑永郎 능허凌虛의 삼봉을 연한 금강의 북산北山인가 봅니다. 그 산은 마치 "너희는 이 성지聖地에 못 들어와" 하고 속인俗人을 위협하는 것 같습니다.

산 중턱 가난한 마을의 스러지는 밥 짓는 연기가 안개에 들어 어우러짐을 보면서 노송림老松彬 가운데 구불구불한 길을 나서면, 계곡가에 긴 다리를 마주하고 앉은 작은 마을이 말휘리末輝里 외다. 여기서 장안사가 25리. 30분이면 간다 합니다.

말휘교를 건너 한 작은 고개를 넘으면 만폭 하류인 만천강萬川江이란 개천에 번쩍이는 물이 보이고, 그 왼쪽 가에 앉은 촌락이 있으니 이것이 탑거리塔巨里 외다. 이는 옛날 장연

사長淵寺의 유허지濊墟地(=옛터)라는데, 마을의 동북 산기슭에 있는 2장二丈(=약 6m) 높이의 오층 절탑과 아울러 금강의 오래된 세 탑 중 하나이외다. 취향이 사랑할 만하고 수법이 정교하다 하나 날이 저물어 멀리서 바라만 보고 말았습니다.

작은 다리를 지나면 노송의 긴 숲속으로 화살같이 곧은 길이 뚫렸습니다. 천지의 황혼빛은 금강 신령스러운 땅의 입구를 잠그고 노송에 우는 저녁 바람소리, 숲속에 흐르는 시내 소리는 먼 데서 오는 순례인의 가슴에 하염없는 적막과 슬픔을 자아냅니다. 이태조의 괘궁정掛弓亭도 꿈결같이 번뜻 보고 꼬어돈 부인의 대리석비도 밝은 날에 보기로 하고, 내금강의 덕관문德關門인 만천교萬川橋를 건너 임제종 제일가람 앞에서 자동차를 내리니, 이름만으로 들어오던 장안사가 여기외다. 먼저 온 동원東園 부부는 이날에 망군대望軍臺에 갔다가 아직 아니 왔다고. 장안사 스님 진월振月이 경영하는 객주에 들다.

영원동靈源洞~망군대望軍臺

여러 날 이어 오던 비도 그치고, 닦아놓은 듯한 푸른 하늘에 양털 같은 흰 구름 뭉텅이가 떠돌다. 오래간만에 보는 따뜻한 일광에 산꼭대기의 젖은 바윗돌이 은색으로 반짝이고 장경봉長慶峯의 잣나무 숲에서는 말긋말긋한 안개가 피어오른다. 부지런한 구경꾼들이 벌써 두 패나 떠난 뒤에 우리 일행도 망군대를 향하여 떠나다.

오늘이 금강산 구경의 첫날이라. 하얀 감발에 새 짚세기들을 꼭 조르고 물병을 메고, 다래덩굴 지팡이도 들고 나서니 몸의 가벼움이 천리라도 행할 듯. 동행의 노고를 아끼지 아니하시는 보월寶月, 용하溶荷 두 화상의 버선, 미투리, 구두의 이웃집 가는 차림차림을 보니 우리 부처의 굉장한 차림이 부끄럽기도 하다. 그러나 금강산은 흰 감발, 새 짚세기로 볼 것이 아닌가 하여 스스로 위로하고 웃다.

내금강 만천萬千의 물이 다 합쳐진다는 만천계곡을 건너 잣나무 숲으로 10수 정町032을 올라가니 벌써 속객의 등과 이마에는 구슬땀이 흐르는데 지장봉 중턱에 지장암이 있다. 신라 법흥왕 때 창건, 오늘날 여러 승려들이 모여 기도하는 중이라는 것밖에 별 감상도 없이 거기서 발을 돌려 망군대, 영원암靈源菴, 백탑동百塔洞의 물을 모아오는 황천강黃泉江을 연沿하여 천 길 절벽 틈바구니로 W자를 무수히 옆으로 잇닿은 듯하게 깊이깊이 들어갑니다. 단 20보를 일직선으로 가는 데가 없고, 한참 가면 앞에 절벽이 가로막히고, 물길을 따라 그 산 끝을 꺾어 들면 또 앞에 절벽이 막힙니다. 동구洞口에 명경대明鏡臺까지가 5리가 못되건만 이리저리 굽어 꺾인 수효는 스무 번은 될 것입니다. 한 번 꺾어질 때마다 한 번 개천을 건너니, 한 골짜기를 스무 번 돌고 한 개천을 스무 번 건너 앞에 가로막힌 절벽이 명경대이외다.

---

032 1정: 1간의 60배로 약 109m

명경대 조금 못 미처 황천강과 절벽 사이의 7, 8간間[033] 폭이나 되는 평지에 높이 1장(약 3m)이 되는 석축성石築城이 있으니, 이것이 마의태자의 고려 추격군을 방비하던 태자성太子城이외다. 신라 말에 경순왕은 고려에 항복하기를 말하고 태자는 천년사직을 위하여 싸움으로써 사수하기를 간청하다가 마침내 대사가 그르매, 표연히 여러 명의 충직하고 용감한 신하를 데리고 금강산에 들어와 망국 죄인으로 자처하여 마의麻衣로 일생을 마치니, 여기서부터 망군대에 이르는 20리 계곡은 태자의 망명 초년의 은신지이외다. 아마 이 석축성은 태자가 몸소 그 소수의 부하를 데리고 쌓으신 것이리다. 어느 돌인지 모르나 그 중에는 태자의 등에 흐른 귀한 땀이 묻은 것이 있을 것이외다.

마의태자에 대하여 『여지승람』에는 이렇게 씌었습니다.

신라 경순왕이 국세가 약해지고 고립되자 나라를 고려에 넘겨주고 투항하고자 했다. 이에 왕자가 말했다 "국가의 존망에는 필히 천명이 있는 법인데 충신의사들과 함께 지금의

---

033 간은 길이와 넓이를 나타낸다. 1간은 여섯 자 약 180cm이고, 또 넓이로는 1평을 나타낸다

민심을 수습하고 힘을 다해 나라를 지켜야지 어찌 천 년 사
직을 하루아침에 가볍게 적에게 넘겨줄 수 있겠습니까?" 왕
이 대답하기를 "지금의 형세가 고립무원이라 온전히 지켜내
기 불가능하니 무고한 백성들의 간담을 다치게 할 뿐이니 이
는 더욱 참기 힘든 일"이라고 했다. 경순왕은 마침내 사신을
보내 고려에 항복했다. 왕자는 울면서 왕에게 작별을 고하고
이 산으로 귀하여 기암 속에 거처하며 죽을 때까지 마의를
입고 풀로 연명하며 살았다.

아마 태자는 여기 숨어 갖은 고초를 다 겪으며
하늘의 큰 기회와 운을 밤낮으로 기다리셨을 것이외다.

혈혈한 외몸으로 돌을 모아 성을 쌓고 대군에 저항하던
비장하고 아름다운 풍모가 눈에 보이는 듯, 천 년 후에 유
신遺臣으로 하여금 몰래 흘리는 눈물을 금치 못하게 합니다.

만승萬乘의 보위寶位를 그 누구에게 내어 주고
구오九五의 나는 용이 황천강에 드단 말가
천 년에 지나는 유신 눈물겨워 하노라

태자성에서 한 번 물을 건너면 큰 바위가 있고 바위 위에 무릎자리라 일컫는 것이 있으니, 마치 남쪽을 향하여 꿇어 앉았던 거인의 무릎자리 같습니다. 이 바위에 올라서서 동으로 우러러 보면 높이 100척(=약30m), 넓이 30척이나 되고, 넓적하고 머리는 호랑이 모습을 띤 누른 바위로 된 기이한 봉우리가 하늘에 닿았으니 이것이 명경대요, 그 밑에는 커다란 연못이 있어 밑에 깔린 누른 바위에 비쳐 물빛이 누르니 이것이 황천강, 일명 황류담黃流潭이며 고개를 돌려 서쪽을 우러르면 깎아 세운 절벽이 흰 구름을 찌른 절정에 하나의 석문石門이 있으니 이것이 지옥문이외다.

　천기天氣는 맑고 좋으나 빽빽하고 겹겹이 산봉우리로 둘러싸인 골과 골이 깊고 그윽하여, 햇빛이 들지 않고 바위 위에 찬 이슬과 노송 끝에 푸른 안개, 황천강의 여울 소리, 진실로 음침함이 귀신 울음소리가 들릴듯합니다. 지옥문이라, 황천강이라, 명경대라 하여 이 골짜기를 지옥에 비함은 그럴 듯한 일이외다.

　　구곡양장九曲羊腸을 추어나니 황천강을
　　이 몸에 죄 없거니 명경대라 두리랴만
　　사바에 볼 일 많으매 돌아갈까

명경대라는 것은 명부冥府(=저승)에 있는 것인데, 어느 중이 죽어 명부에 들어갔다가 도로 살아나서 여기를 와 본즉 그 봉이 꼭 명부의 명경대와 같으므로 그렇게 이름을 지은 것이라 합니다. 그러면 명부에 있는 명경대는 무엇에 쓰는 것인가. 사바에 살던 사람을 잡아다가 그 명경대 앞에 세우면 그 사람의 과거, 현세의 모든 업과 장래의 모든 잘못이 분명히 그 거울에 비치어 피고는 자기가 지은 죄를 추호도 숨기고 위장할 길이 없고, 동시에 한눈에 보여 자기가 받을 영원한 판결을 안다 합니다. 과연 개벽 이래로 지옥을 다스리는 염라대왕이라, 사바와 같이 피고에 대한 얼림이라든지, 위협이라든지, 갖은 악형이라든지, 철소徹宵[034]로, 자지 않고 쉬지 않고 활동하여 하나의 크고 투명한 기록을 만들 필요도 없으니 참 편리합니다. 다만 원망스러운 것은 이곳의 명경대는 아직 막에 가리어 그 맑은 빛이 죄악으로 서로 다투는 모든 백성의 폐와 간장을 꿰뚫어볼 때가 오지 아니함이외다. 언제나 보살의 신통력이 명경대의 막을 들어 사바 세상에 수 없는 위선자의 간담을 서늘케 하려는지요.

---

034 잠을 자지 않고 밤을 새움

천하의 모든 죄인 지옥문에 대령하라

보살의 손가락이 구름 속에 번득이니

명경明鏡이 열리다커든 너 갈 길을 알리라

이런 장난의 노래를 부르며 황천강을 건너니 황천강에는
예로부터 저승 가는 이들의 일로평안을 비노라고 엽전 때엔
엽전, 동전 때엔 동전, 은전 때엔 은전, 지전 때엔 지전이 수
천 년 간에 합계 몇 백만 냥이 빠졌는지 모른다 합니다. 지
금도 여기서 재를 올리고 강 가운데에 돈을 던져 사자使者에
게 인정을 쓸 이가 있다고 합니다. 일본 속담에 '지옥 처분
도 돈 주면 변한다'는 말이 있거니와 염라국에서도 뇌물을
받도록 정치가 부패하였다 하면 명경대도 큰 영험은 없을 모
양이외다.

강을 건너면 명경대의 왼쪽 어깨를 스쳐 돌게 됩니다. 대
는 북편 한쪽이 산에 닿아 있을 뿐이요, 서, 남, 동 삼면은
공중에 떠 꼭 경대와 같이 보입니다. 경대 꼭대기에는 여러
그루의 왜송이 허리를 굽히고 섰으며 명경의 뒷면에도 관목
과 잡초가 절벽 면에 붙었습니다.

묻노라 저 경대鏡臺야 네 일을 네 알리니

쓰다가 버린 것가 앞날에 쓸 것가

인심人心이 하도 썩었으니 쓸동말동하여라

그렇다. 이 세대 사람으로 감히 명경대 앞에 설 이가 몇이나 되오리까. 일일이 벌한다면 지옥도 수용력이 부족할 것이니 미륵불이 현세에 나타나 세도인심世道人心을 고쳐 놓거나 하든지, 지옥의 감방을 대증축을 하든지 하기 전에는 명경대를 사용할 수가 없을 것이외다.

명경대 밑에 황사굴, 흑사굴이라는 조그마한 굴 둘이 있으니, 황사굴은 일명 극락굴이라, 극락으로 가는 자는 잠깐 황사굴을 통하여 명경대의 머리로 빠져 극락으로 오르고, 흑사굴은 일명 지옥굴이라, 악업을 지어 지옥으로 가는 자는 일단 검은 뱀, 흑사가 되어 명경대의 엉덩이 쪽을 통하여 지옥으로 내린다 합니다. 그래서 황사굴에는 불을 때면 연기가 명경대 끝으로 올라가되 흑사굴에 불을 때면 연기 가는 데를 모른다 하니, 아마 염라대왕 대궐 굴뚝으로 나가는 모양입니다.

명경대에서 다시 몇 굽이를 돌아가면 노송, 오래된 잣나무와 기타의 잡목으로 하늘의 해가 안 보이게 음침한 곳에 서편의 큰 바위를 의지하여 집터 같은 것이 있으니 이것이 이른바 태자궁이라, 마의태자가 계시던 궁터라 합니다. 길이가 네 칸(=한 칸은 약 1.8m), 너비가 두 칸이나 될 만한데 석축의 집터가 그냥 남아 있고 시쪽 벽쯤에 났던 나무가 저절로 늙어 정면의 섬돌을 베고 누워 죽어, 푸른 이끼와 누른 버섯이 온몸을 싸고 섬돌도 우단같이 부드러운 파란 이끼에 푸근푸근하게 쌓였습니다. 마치 불우한 태자의 입김과 손김을 꽁꽁 싸두려는 것 같습니다. 그리고 방이 있던 곳에는 1천여 년 동안 떨어져 썩은 나뭇잎과 풀에 발이 푹 빠집니다.

사람이 거처할 방이 셋, 부엌 한 칸, 만일 당시의 건축법이 지금과 같다 하면 이러한 집이었을 듯합니다. 거기 태자와 따르는 이 여러 명이 숨어 있었던 모양입니다. 이것이 '아랫대궐'이외다

여기서부터는 점점 깊은 산 맛이 있습니다. 영천암, 도솔암 가는 중들과 망군대 가는 구경꾼들밖에 사람이라고는 다녀보지 못한 곳이외다. 돌과 나무에는 파란 이끼가 앉고 이끼식물에 속한 잎사귀 큰 풀이 길게 자라고, 하늘에 닿은 늙은 소나무와 잣나무, 거기 엉클어져 매달린 다래덩굴, 이

따금 늙어서 죽어 넘어진 큰나무 잎은 뱃잎 같고 나무는 다래덩굴 같은 목련, 과연 엄청나게 큰, 푸른 털에 식은땀을 흘리는 바위들. 모두 다 평지 사람이 보지 못하던 것이외다. 과연 음침하고 신비합니다.

이런 속으로 얼마를 가노라면 아랫대궐보다 조금 넓은 듯한 집터가 있으니 이것이 '윗대궐'이외다. 윗대궐은 뒤에 계곡물을 지고 남향하여 앉았습니다. 아랫대궐보다 좀 더 경치가 좋고 푸른 하늘과 햇빛이 많이 들어올 것 같습니다(만일 나무를 쳐 버리면). 아마 미처 자리를 택할 새 없이 이렇게나 자리를 잡아 아무렇게나 집을 지은 것이 아랫대궐이요, 얼마를 지나 망극罔極한 나라 잃고 망명한 비애 중에도 차차 일신의 편의를 생각할 여지가 생겨 보다 좋은 자리를 잡고 될 수 있는 대로 힘들여 낫게 지은 것이 이 윗대궐인가 봅니다. 윗대궐을 짓고 처음 여기서 자던 날, 태자는 종자를 데리고 손수 지은 저녁밥을 잡수시면서 눈물 섞인 웃음을 띠었으리라고 생각됩니다.

옛 나무 거꾸러져 썩고 창태蒼苔(=푸른 이끼) 우거진 곳이

우리 태자님의 겨오시던 궁터랐다

무너진 섬돌을 안고 어이힐 줄 몰라라

늙은 바위 지혀 일간속 一間屬 을 이뤘더니

뒷시내 우는 소리 맺는 꿈을 깨노매라

임해궁 臨海宮 지낸 영화 榮華 를 어이 보라 하나뇨

윗대궐 터를 지나 다시 푸근푸근한 이끼를 밟고 울창한 삼림의 밤 지낸 이슬을 맞으면서 가면 '지영원암15정 至靈源應十五町', '지망군대2리 至望軍臺二里' 라는 두 개 푯말이 서 있습니다. 푯말을 따라 오른쪽으로 영원동 靈源洞 의 협곡을 추어 올라가면 갑자기 동천 洞天 035 이 활개하는 데가 영원이외다. 이 암자에는 한두 명밖에 없으나 지금 특별기도회로 십여 명의 승니 036 가 모여 있다 합니다.

용하화상이 우리를 위하여 암자의 스님에게 점심을 시키고 우리는 곧 암자에서 서쪽으로 1정쯤 되는 옥초대 玉焦臺 로 갔습니다. 옥초대는 암자 뒷산인 관음봉 觀音峯 의 무릎이라 할 만한 작은 봉우리이니, 봉우리 서편에 높이 30척이나 되는 원주형의 큰 바위가 있고 머리가 평탄하여 족히 3, 4인

---

035 산천으로 둘러싸인 경치 좋은 곳
036 비구와 비구니

이 앉을 만하외다. 이는 금강산에 처음 절을 세운 이후의 승명 僧名이요, 영원암을 처음 세운 신라시대의 영원조사가 참선 득도하던 데라 합니다.

험한 데 행하기를 원숭이와 같이 하는 보월화상이 성큼성큼 기어 올라가는 것이 부러워 나도 바위 곁에선 소나무를 더위잡고[037] 보월화상이 내려 보내는 원숭이 같은 팔에 끌려 바위 정상에 오르기는 하였으나, 일어서니 저절로 목이 오무라지고 허리가 굽어 1분이 못 되어 펄썩 앉았습니다. 서쪽으로 향하면 멀리 장안사 골목을 지나 수 없는 산골짜기가 각각 농담을 달리하여 구름 속에 녹아 들어갔습니다. 과연 여기 날마다 가만히 앉았으면 무슨 큰 깨달음이 생길 듯도 합니다.

옥초대 바위 끝에 결가 結跏 하고 앉았으니

안개에 싸인 천산 千山 무릎 아래 모여 놓다

청풍이 이따금 불어 천성 天聲을 전하더라

---

037 높은 곳에 오르려고 무엇인가를 끌어 잡고

대 위에 서쪽을 향하여 넓적한 돌을 놓았으니 이것이 독경하는 책상이요, 대의 우측에는 외로운 한 그루 소나무 두어 가지가 앉은 사람의 무릎을 만집니다. 나는 그 윤택한 솔잎과 젊은 솔방울을 따 먹으며 잠시라도 속세를 떠난 선불仙佛의 기분을 맛보러 하였습니다.

대에서 북쪽을 향하면 관음觀音, 마면馬面, 우두牛頭의 봉우리들이요 남쪽에는 병풍같이 둘러선 시왕봉, 그 서쪽에 고개를 숙이고 기어드는 것이 죄인봉, 또 그 서편에 고개를 번쩍 들고 휘몰아오는 것이 사자봉使者峯, 또 시왕봉의 중턱에 우뚝 선 일석대一石臺가 인암印岩, 인암의 동쪽 위에 앉은 하나의 봉우리가 판관봉判官峯인데, 지금도 적막하고 캄캄한 밤중에는 가끔 시왕이 죄인을 국문하는 호령 소리와 죄인의 후회하는 소리, 소리치며 우는 소리가 들린다 하니, 아마 시왕의 호령이란 호랑이 소리요 죄인의 우는 소리란 산골짝의 메아리일는지 모르나, 이야기대로 들어 두는 것이 재미있을 것이외다.

이 전설의 원인은 처음 영원동에 들어와 영원암을 개척한 영원조사가 여기서 수도한지 십 년에 그의 스님 명학법사明

學法師[038]가 시왕 앞에서 국문을 당하는 소리를 들었다는 데서 나온 것이외다.

영원조사가 도를 깨달은 후에, 그의 스님 명학법사의 후신이요 영원조사가 제도하여 그의 제자를 삼은 후 후원조사後院祖師라는 이가 태어난 이래 천 수백 년 동안 무수한 승니가 양 조사의 뒤를 따랐으니, 능히 그네의 자취를 밟은 자가 없다하며, 영원암의 지형이 삼룡쟁주형三龍爭珠形이기 때문에 영원, 후원 양 조사 외에 또한 분명 명승名僧이 나리라 하나 그것이 누구일지는 알 길이 없습니다.

이룡二龍이 오르신 지 천 년 넘다거늘

영원靈源에 잠긴 용은 깨실 줄을 모르는고

---

038 명학스님은 범어사 주지로 재산에 욕심이 많아 창고에 곡식이 가득 차 썩어도 베풀 줄을 몰랐다. 영원조사는 스승의 이런 모습에 실망하여 금강산에 들어가 영원암을 짓고 수도에 정진하는 중에 시왕봉 쪽에서 죄인을 국문한다는 소리가 들려가보니 그 죄인은 은사스님인 명학법사였다. 영원스님은 스승의 처지가 딱해 날을 정해 범어사로 가서 스승이 곡식을 가득 채웠던 창고 앞에 죽 한 그릇을 두고 스승의 혼이 나오기를 기도하니 구렁이 한 마리가 창고에서 기어 나오더니 "슬프도다, 헛된 것에 집착하지 말아야 할 것을…" 하며 눈물을 흘리더니 바위에 머리를 스스로 부딪쳐 죽고 말았다. 영원조사는 구렁이의 사체를 수습하고는 그 혼을 이웃에게 맡기며 이집에 열 달이 지나면 아들이 태어날 것인데 그 아이가 아홉 살이 되면 데려가겠다고 했다. 그의 말대로 이웃집에 아들이 태어났고, 아홉 살이 되자 영원조사가 그를 데려가 상좌를 삼는데 법명이 후원이라고 했다는 이야기가 전한다

동천洞天이 하도 좋으니 아니 깰까 하노라

아마 이래서 아니 깨는가.

옥초대를 내려 암자에 돌아온 즉, 아직 밥이 넘는 중이라 하기로, 다시 발을 동으로 돌려 터졌다가 다시 합해졌다는 배석拜石과 영월대迎月臺를 보다. 영월대는 옥초대와 대립하여 전자가 암자의 청룡이 되고 후자는 암자의 백호가 되는 것이외다. 보월화상의 말을 듣건대 달밤에 흔히 호랑이가 영월대에 올라 달을 구경하며 배회한다 하고, 혹 사람이 대 위에 앉았노라면 호랑이가 그 밑으로 슬슬 돌기도 하고 여러 번 서로 만나 친하게 되면 사람의 곁에 와서 쭈그리고 앉는다고도 합니다. 다만 영원암뿐 아니요 산 안에 여러 암자도 다 마찬가지라 하며, 호랑이는 경치 좋은 곳을 택하여 배회한다 합니다.

호랑아 추월야秋月夜에 대에 오름 무삼 일고.

동령東嶺에 오르는 달구경도 하옵다가

산삼山蔘에 살찐 사슴을 엿보기도 하오라

아마 이것이 호랑이가 대에 오르는 진의眞意 겠지요. 산삼에 살찐 노루, 사슴도 하도 많은데 구태여 고행에 기름 빠진 승니를 먹어 무엇 하리까. 금강산에 절이 생긴 이후 호랑이에게 먹힌 승니는 없었는데, 두서너 해 전에 어떤 승 하나가 비로소 먹혔다 합니다.

월명랑月明朗 풍소슬風蕭瑟한데 홀로 섰는 저 선사야

맹호와 미록麋鹿(=큰 사슴) 다려 벗 삼아 노단 말가

국사國事 곧 아니었던들 너 따를 뻔하여라

암자에 돌아오니 상이 놓였습니다. 호박국, 무지지미에 주린 배를 불리고서 촌음을 아껴 망군대로 향하다. 아까 지나오던 갈림길을 지나서부터 옛사람이 이르는 '대즉생명관계大則生命關係'요 '소즉의관열파小則衣冠裂破'라는 금강산 길의 본색이 드러납니다. 혹 담벼락 같은 바위를 한 줄기 다래덩굴에 매달려 오르기도 하고, 혹 발 하나가 겨우 놓일 만한 절벽 중턱의 좁은 길을 안고 돌기도 하고, 혹 발붙일 곳 없는 미끄러운 바위를 게걸음으로 기어 돌기도 하고, 혹 소름이 끼치는 낭떠러지의 암벽에 붙여 놓은 썩은 외나무를 서릿발을 밟는 마음으로 건너가기도 하여, 혹 찬 땀을 흘리며 혹 아슬 아슬한 소름이 끼치면서 한 5리나 가노라면, 동천이 열리는 곳에 물소리 들리니, 이것이 수렴동水簾洞이외다.

　60여 척이나 높은 거울 같은 암벽에 10척 넓이나 되는 얇 다란 물이 비단결을 지면서 '한데 모이지도 아니 하고 여러 갈래로 쫓기지도 아니하고' 내려 드리우니, 수렴이란 이름이 과연 가장 적당합니다. 대수렴에서 수십 보나 위에 그 삼분 의 일이나 될 만한 소수렴이 있으니, 작기는 작으나 수렴이 기는 마찬가지외다. 대수렴 위에 얕은 소沼가 지고, 소에 모였 던 물이 3척 너비나 되는 턱을 넘어 수렴이 되어 떨어지니, 얼 른 보기에 거기를 뛰어 건너갈 듯하나 물이 갈리고 닦인 바 위가 유리와 같이 미끄럽고, 게다가 물때가 앉아 한 걸음만 잘못 디디면 몸은 수렴에 미끄러져 순식간에 가루가 되고 말 것이외다. 그러나 그것을 건너가 저편 언덕에 가면, 서북쪽으 로 울창한 삼림을 사이에 두고 바로 도솔암 서봉의 백옥으 로 깎은 듯한 모습이, 머리에 눈 같은 흰 구름을 이고 햇살이 넘치는 밝고 푸른 하늘을 뚫고 섰는 것을 볼 수가 있습니다.

　우리가 가려는 망군대는 바로 저 백옥 같은 절벽에서 다 시 위로 한 층 올라간 곳이지만, 여기서는 보이지 않고 또 저

절벽을 오를 길이 없으므로 계곡물을 따라 이 산의 동편 골짜기로 돌아 올라가야만 한답니다. 수렴동에서 서북쪽을 바라보는 경치는 참 좋습니다. 사람의 손이 닿아 보지 못한 노송의 삼림, 그것이 다하는 끝에 백옥으로 깎아 세운 듯 겹겹이 에워싼 봉우리, 그 위에 흰 구름, 또 그 위에 과연 창공이라고 할 만한 한없이 높고 깊어 보이는 하늘, 새소리, 매미소리, 주렴珠簾 같은 수렴의 물소리, 소위 계곡미溪谷美, 삼림미森林美, 산악미山岳美를 한데 모은 깊숙하고 장엄하고 티끌 하나 없는 경치외다.

늘 앞서서 땀 한 방울 안 흘리고 펄펄 날아다니는 듯한 윤하 화상은 여기서부터가 정말 험한 길이시오 라고 경계를 합니다. 부인네 일행에게 가고 아니 갈 것을 결정하라는 뜻이외다. 흔히 여기서 앞길이 온 길보다 더 험하다는 말에 피하여 '본 줄 알고 가지요' 하고 돌아들 선다고 합니다. 과연 험합니다. 계곡물을 따라 가다가 막히거든 기어오르고, 비탈길로 비스듬히 붙어 가다가 막히거든 바위벽을 간신히 기어오르거나 혹 심한 데는 다래덩굴에 매달려 오릅니다.

십수 걸음 앞에 가는 사람도 소리만 들리고 모양은 안 보이며, 훨씬 앞에 가는 사람이 '웨이', 하고 외치는 소리가 머리 위에서 내려옵니다. 혹시 4, 5인이 일렬에 서서 담벼락을 기어오를 때에는 앞사람의 발뒤꿈치가 뒷사람의 코에 닿습니다. 게다가 지난밤에 비를 맞은 길이라, 가다가도 미끄러지고 섰다가도 미끄러지고 앉았다가도 미끄러질 지경이외다. 우거진 잡목 숲에서는 매미소리가 납니다. 이제는 저 천길 만길 밑에 흐르는 물소리도 안 들리고 얌전한 다람쥐가 겁도 없이 길로 뛰어 지납니다. 참말 험난하고 위태로운 길이외다. 인생의 행로난行路難을 생각하게 합니다.

새의 길, 원숭이 길, 다람쥐 길을 다 기어올라 '다 왔소' 하는 머리 위에서 나는 소리에 기운을 얻어 마지막 담벼락을 기어오르니, '에구, 시원해!' 도솔암 앞 봉우리에 올라섰다! 천산일동중千山一洞中[039]이라 할 만한 복잡하고 깊숙이 감춰진 계곡이 눈앞에 보이건만, 우리가 온 길이 어느 것인지는 알아볼 수도 없습니다. 단숨에 도솔암에 내려가 쓰러져 가는 암자의 툇마루에 펄 썩 앉으니 절로 '에구, 살아났다!'외다.

도솔암은 장안사에서 삼십 리, 영원암에서 이십 리, 해발 사천 척(=약 1200m)이나 넘는 망군대 빼어난 봉우리의 바로 밑

---

039 하나의 골을 중심으로 무수한 산이 자리 한 모습

에 앉은 깊은 암자이니 수미암須彌庵, 선암船庵과 더불어 금 강산의 한적하고 외진 암자 중에 하나외다. 도솔봉의 동쪽 에 동향으로 앉아 하늘에 닿은 망군대를 좌편으로 쳐다보 는 세 칸閒이나 될 너와집이외다. 집은 쓰러져 가고 방 뒷벽 에 모셨던 불화도 누가 찢어 버려 부처님의 한 편 발과 옷자 락만 남아 있고 드는 사람이 없으니, 툇마루 밑까지 잡초가 무성하였습니다. 앞서 온 일본 학생 5, 6인 일행이 망군대 위 에서 모자와 수건을 두르며 우리를 향하여 외치는 소리가 분 명히 들립니다. 석양이 망군대의 백옥 같은 바위에 비치어 눈이 부실 듯합니다.

그 누구 세상이 어떻게나 싫었관대
피하여 피하여서 이런 곳에 숨었던고
정녕코 그 사람 후신後身이 내공乃公인가 하노라

들은 즉, 수년 전에 이십삼 세 된 젊은 승이 이 암자에서 일 년을 지냈다 합니다. 일 년이라 하면 음력 시월 중순께부 터 이듬해 삼월 중순까지 적설에 교통이 두절되어 그야말로 완전히 속세와 인연을 끊습니다.

치마 끝에 흰 구름 얼고 부처님 이마에 상아 앉은 제

어떤 젊은 승님이 홀로 앉아 염불만 하노

한월寒月이 뒷봉을 넘도록 목탁을 치며 염불만 하노

암자 남쪽으로 수십 걸음을 가서 수풀 속을 나서면 '앗' 소리를 치고 뒷걸음을 치니, 이것이 수렴동에서 하늘에 달린 듯이 우러러보이던 백옥 같은 암벽이외다. 움츠러드는 힘줄을 겨우 펴가면서 낭떠러지 끝에 나서니, 수많은 산과 골짜기가 푸르게 피어오르는 구름 속에 우물거리고, 그 한복판 움쑥 들어간 땅 밑에 깊고 푸른 옥색 소나무와 잣나무의 밀림 사이로 흰 눈 같은 비단물결이 번쩍번쩍 빛납니다.

하늘은 청옥이요 봉두峯頭는 백옥이요

산복山腹은 벽옥색 신선사는 송백 松柏인데

복판의 일점백운一點白雲이 수렴동이라더라

만일 소나기가 여기서 시작하여 수렴동을 지나 백마봉白馬峯을 향하고 달려가는 빗줄기와, 단풍진 가을밤에 달빛의 경치는 참 아름다우리라고 생각합니다. 다음번 다시 올 기회를 얻거든 반드시 도솔암에서 하룻밤을 자며 수렴동이라는 이름으로 대표되는 이 20리 긴 골짜기의 달빛을 꼭 보고야 말고자 합니다.

한참 다리를 쉬어 다시 망군대를 향해 올라가니, 하늘이 아니 보이는 관목 숲이라. 이슬을 헤치고 물 먹은 묵은 낙엽을 밟아, 숨이 턱에 닿고 전신이 땀에 젖을 만한 때에 수풀을 벗어나니, 울퉁불퉁하고 뾰족뾰족한 바위봉이라. 흙 한 줌을 볼 수가 없는 바위와 바위 틈바구니에 비가 올 때에는 물이 내려오는 길인 듯한, 한 사람이나 겨우 지나갈 만한 좁은 틈으로 한 줄 철삭鐵索040이 검은 뱀 모양으로 늘어졌는데, 고개를 번쩍 뒤로 젖혀 우러러보니, 철삭의 끝 간 데를 모르겠습니다. 텁석부리 일본 화가는 벌써 그 철삭에 매달려 중턱쯤 올라가 어물거리니, 마치 동그란 사람이 반 공중에 달린 듯합니다.

여기까지 왔다가 이 광경에 사지가 저려서 돌아서는 사람도 있다 합니다. 보월화상이 먼저 철삭을 잡고 성큼성큼 뛰어오르는 것이 매우 수월하게 보이는데, 기운을 얻어 우리

---

040 여러 가닥의 철사를 꼬아 만든 줄

도 그의 뒤를 따랐습니다. 쇠줄에 한 손을 움켜잡고는 바위에 한 발을 옮겨 놓고 하여 너더댓 걸음 올라서는 팔꿈치로 이마의 땀을 씻으며 바위에 기대어 쉬고, 쉬고는 또 그 모양으로 올라가고, 혹 발 디딜 자리를 찾노라고 떨리는 발을 누에머리 모양으로 내둘러도 보고, 그러다가는 무릎을 발삼아 바위에 붙이기도 하고, 이렇게 오르노라면 혹 일척평방이 될 만한 평지를 만나 거기다가 무거운 엉덩이를 놓고 휘 한숨을 쉬며, 이리하여 겨우 육십여 척 쇠줄을 십여 분이나 걸려 다 기어올라 발을 땅에 짚고 오래간만에 사람다운 직립의 자세를 취하면 '에구, 살아났다!' 하는 탄성과 함께 반 공중에 오른 듯이 시계가 넓어집니다.

너더댓 개의 큰 바위가 혹은 눕고 혹은 서서 망군대의 절정을 이루었습니다. 누운 바위의 배와 앉은 바위의 어깨와 바위와 바위 틈바구니에 빈틈없이 올라서면 20명쯤은 용납할 듯합니다 그 중에 제일 키 큰 바위의 머리에 오르면 그곳은 망군대의 최고처니, 보월화상이 거기에 먼저 기어올라 우리를 부르나 다들 올라갈 용기가 없었고, 부끄러운 말이지만 나도 무서워 오르지 못하였습니다.

세 길도 못 되는 바위 끝이 삼십 리 두고 어려워라

삼십 리 길을 다 올라서 세 길 두고 못 보단 말가

세 길은 세 길이라마는 못 오름을 어이료

거기를 오르지 않아도 내금강의 전경이 한눈에 보입니다. 한 눈에 보인다기보다 발로 원의 중심을 삼아 몸을 한 바퀴 돌린다고 함이 더욱 적당할까 합니다. 먼저 서북간西北間을 향하고 서면, 바위 하나 없고 잔디 같은 풀로 덮인 듯한 궁륭형 穹窿形(=아치 모양)의 능허봉, 거기서 북쪽을 향하고 눈자위를 돌리면 영랑봉, 또 돌리면 아아峨峨라고밖에 조선말로 형용키 어려운 백옥봉白玉峯이 금강 1만2천봉의 주봉이요 최고봉인 비로봉, 이렇게 능허, 영랑, 비로의 삼봉이 일직선의 맥을 이루어 금강의 북방 성벽을 지어 그 이북의 산과 바람이 감히 중향성衆香城 안을 엿보지 못하게 하였습니다. 비로와 영랑의 중간쯤에 억만의 창칼을 벌인 듯이 둘러선 모습이 중향성이니, 금강산 중 가장 신비하고 그윽한 곳이라. 흰 구름과 나는 새밖에 그 속을 엿볼 수가 없었으니, 금강산의 법당이라 할 만한 곳이외다.

비로봉에서 눈을 동으로 돌리면 끝이 뾰족한 형제봉이

있으니 그 중에 십자가를 이고 선 것이 일출봉, 꼭대기에 동자童子가 앉은 듯한 것이 월출봉, 거기서 정동으로 눈을 돌려 민틋이[041] 동남을 향하여 길게 뻗은 것이 무재水嶺, 그러다가 동남에 우뚝 솟아 서쪽 하늘을 향하고 번쩍 고개를 든 것이 백마봉, 백마봉의 턱 밑에서부터 서남으로 달아난 것이 시왕봉十王峯, 죄인봉, 사자봉. 거기서 다시 눈을 서편으로 돌리면 드넓게 펼쳐진 푸른 산들이 몽환같이 석양의 기우는 빛을 따라 눈앞으로 모여드는 듯합니다. 이렇게 내금강의 북, 동, 남 삼면이 거의 정방형의 삼변과 같이 둘러막히고 서편 한쪽이 툭 터졌습니다. 서편이 터졌다 함은 그 편이 평야라 함이 아니요, 금강과 비금강을 나누는 성벽 같은 뾰족한 봉우리가 없다 함이외다.

이러한 속에 몇 천 몇 만인지 모르는 창칼과도 같고 살촉과도 같은 봉들이 쌍육雙六[042] 말 버리듯이 빈틈없이 들어섰습니다. 망군대에서 사면을 바라보면 마치 나무들처럼 죽 늘어선 창칼을 보는 듯합니다. 평지라고는 하나도 안 보이고 삼

---

041 울퉁불퉁한 곳이 없고 평평하고 비스듬하게
042 두 개의 주사위를 던져 나오는 수대로 말을 써서 먼저 궁에 들여보내는 것을 겨루는 놀이

십 리 평방이 온통 뾰족뾰족 봉우리로 찼습니다. 참말 훌륭하고 아름다운 경치외다

금강의 모든 봉우리들은 키 큰 놈은 허리까지, 좀 작은 놈은 가슴까지, 더 작은 놈은 목덜미까지밖에 소나무와 갓나무 숲의 털이 나지 않고 그 나머지는 전혀 끝이 뾰족한 흰 바위로 되었으며, 그 바위 끝은 개벽 이래 몇 천만 년의 비바람에 아로새겨져서 사람모양, 혹은 짐승모양, 혹은 창칼모양, 혹은 새 모양의 가지각색 물상物象으로 되었으니, 금강산 봉우리들의 모형을 만들려거든 원추형을 만들고 그 중간이나 가슴께까지 삼림을 그리고, 거기서부터 무수한 세로 선을 가진 안티모니043 형形의 암석을 만들고, 최후에 원추의 끝에 무슨 기괴한 물상을 만들어 앉힐 것이외다. 크고 작은 무수한 원추형을 만들어 그 정점이 무수한 곡선을 그리도록 첩첩이 벌여 놓으면 그것이 내금강이 될 것이외다.

해발 2천척(=약600m)에서 6천척에 이르는 동안의 모든 종류의 높이를 가진 봉우리들이 수천이나 30리 평방 내에 벌여 있다 하면, 그 기묘한 경치를 상상할 것이 아닙니까. 게다

---

043 재질이 물러 잘 바스러지는 결정성 금속원소

가 그 봉 머리의 암석은 백금색의 돌 옷에 덮여 모두 백옥과 같습니다. 그리고 그 봉우리들의 배치가 결코 되는 대로가 아니요, 여러 종류의 매우 수려하고 복잡함을 가진 계곡을 형성하도록 되었으며, 각 계곡은 좌우로 키 차례로 비늘 달 듯이 늘어선 무수한 봉우리로 되어, 마치 강물이 바다로 흘러가듯이 저보다 더 큰 계곡으로 흘러들어갑니다.

여기서 내려다보면 장안사에서 안우재까지 삼십 리를 서북동으로 세로로 꿰뚫은 대계곡이 있고, 이 두 대계곡을 향하고 내원통동內圓通洞이라는 이십 리 긴 계곡, 비로봉 가는 이십 리 긴 골을 머리로 크고 작은 무수한 계곡이 거의 평행으로 흘러갑니다. 그래서 얼른 보면 착잡한 듯하되 자세히 보면 계통과 질서가 있고, 더욱 자세히 보면 무수한 작은 통일을 합하여 보다 큰 몇 통일을 만들고, 또 그것이 합하여 내금강 전체가 일대 통일을 이뤘습니다. 이 복잡과 통일의 조화가 금강의 미의 주요소인가 합니다.

실로 망군대는 내금강의 훌륭하고 아름다운 경치를 가장 완전히 보게 하기 위하여 만들어 놓은 조망대외다. 만일 내금강을 다 만들어 놓고 망군대를 빠뜨렸던들 그 위대하고 아름다운 경치는 헛된 것이 되었을 것입니다. 내금강을 조각할 때에 천옹이 앉아 지휘한 곳도 망군대요, 조각이 끝난 뒤에 선관선녀仙官仙女를 데리고 낙성잔치를 베푼 곳도 망군대요, 때때로 선녀들이 금강산 구경을 내려올 곳도 망군대일 것이외다.

금강산 큰 조각을 천 겁 만에 이루던 날
옥황玉皇의 보좌를 어느 곳에 정하리까
망군대 백옥경두白玉峯頭야 그곳인가 하노라

옥황이 강림커다 선관선녀 데리시고
금강산 제일봉에 완월연을 베푸시다
취하사 회가回鸞를 잊으시니 망군암望軍岩이 되시다

망군대 절정에 서서 안고 누운 바위를 보고 이렇게 자유롭게 생각해도 한 재미가 아닙니까. 망군대라는 명칭의 유래는 신라 태자가 여기 올라 장안사 저편 탑거리로 들어오는 추격군을 바라보았다는 전설에서 나온 것이외다. 그뿐 아니라 그의 모후되는 경순왕후가 여기서 서북쪽으로 보이는 둔도봉 아래 둔도암에 계셨다 하니, 아마 자애로운 어머니를 사모하는 마음으로도 여기 올랐을 것이요, 무한한 회포를 풀 길이 없어서도 올랐을 것이외다. 여기 서서 이 경치를 보면 그의 흉중이 과연 어떠하였으리.

여기서 북쪽을 향하여 보면 병풍같이 둘린 바위 산마루에 네모난 구멍이 보이니 이것이 혈망봉穴望峯이외다. 어떤 사람이 이 구멍을 뚫은 이유를 설명하기를, 지구가 부서지는 날에 이 아까운 금강산만은 그 구멍에 쇠갈고리를 꿰어 하늘에 매어 달기 위함이라 합니다. 나는 구멍에 새로운 설명을 붙입니다. 금강산은 본디 옥경玉京[044]에 있던 것인데, 홍길동이가 올라갔다가 나라를 꾸미려고 그 구멍에 허리띠를 끼어 둘러메고 훔쳐온 것이라 함이외다.

석양이 점점 기울어 가니 돌아갈 길이 바쁘외다. 천리를 첩첩이 연 이은 산에 낙조여 얼마나 좋으랴. 1만2천봉에 월색이여 얼마나 좋으랴. 그것을 다 못보고 후일을 기약하면서 대를 내려 도솔암 우물가에서 윤하화상이 바랑에 지고 오신 밥을 먹고 오르던 길을 다시 내리다. 기어오르던 곳은 자빠져 내리고, 무릎으로 오르던 곳은 엉덩이로 내려, 영원암 세

갈래 길에 오니 벌써 황혼이라. 병을 앓은 뒤의 아내는 다리가 무거워 걸음을 옮기기가 어렵고, 길은 모두 울퉁불퉁한 바위가 아니면 눈보라 치는 개천이라. 초생달조차 산 너머로 넘었으니, 다리가 튼튼한 장부도 발을 옮겨 놓기가 어렵습니다. 윤하, 보월 두 화상의 도움으로 겨우 황천강을 건너 캄캄하게 어두운 뒤에야 다시 사바세계에 돌아 나오니 꽤 거북합니다. 오늘 왕복이 60여리, 내일 하루를 쉬고 모레는 금강산의 심장이라는 만폭동으로 가렵니다.

만폭동萬瀑洞

8월 10일. 맑음

장안사를 출발하여 백화암白華庵, 표훈사表訓寺, 정양사正陽寺, 만폭동萬瀑洞을 지나 마하연摩訶衍. 다시 마하연에서 백운대白雲臺, 선암船庵, 수미암須彌庵 가섭동伽葉洞을 지나 마하연. 이날 행정行程 육십여 리.

　장안사에서 동으로 계곡을 거슬러 오르기 약 7, 8정町(약 760~870m)에 한습寒濕한 기운이 몸을 스며드는 잔도棧道[045]를 건너노라면 발밑에 4, 5장丈(약 12~15m)이나 되는 비스듬한 너럭바위 끝에 아주 음침한 못이 있음을 볼 것이니 이것이 우

045　험한 벼랑에 나무를 선반처럼 내매달아 만든 길

는 소沼, 즉 명연담鳴淵潭이요 내산팔담內山八潭의 하나외다. 아주 물빛이 컴컴하여 그 밑을 볼 수가 없으며, 그 소에서 10여 걸음쯤 나오면 길이 20척이나 될 만한 사각기둥의 와석臥石이 있습니다.

머리는 굵고 소로 향한 발은 좀 가늘어 마치 거인의 관같이 보이니, 이것이 전설에 말하는 금동거사金同居士의 시석尸石(=돌주검)이요, 그 시석의 머리에서 다시 7, 8걸음이나 나아가 세 사람이 가지런히 엎드린 것 같은 바위 하나가 있으니, 이것이 그 아버지 금동거사의 영전에 부곡俯哭하는 삼형제 바위외다. 전설에 이르기를 여말에 나옹화상과 금동거사가 서로 재주를 겨룰 때, 금동거사가 나옹화상을 죽이려 하여 불상 조각하기 내기를 청하고 지는 자는 이 소에 빠져 죽기로 약속하였는데, 나옹화상은 지금 삼불암三佛岩이라 일컫는 큰 바위에 삼불상을 새기고 금동거사는 그 바위의 뒷면에 오십삼 불상을 새겼으나, 그 오십삼불의 품品이 도저히 나옹화상의 삼불상을 당할 수 없으므로 마침내 남잡이[046], 제잡이[047]가 되어 금동은 약속대로 명연담에 빠져 죽어 이 시석이

---

046   해코지의 북한말
047   스스로 망치는 일

되고, 그 아들 삼형제는 애통이 끊일 시각이 없이 울다가 울다가 저렇게 삼형제 바위로 화하였다 합니다.

그러므로 죽은 금동의 시석은 천 년이 지나도록 소리가 없으되, 산 삼형제의 화석은 지금 비오는 밤과 어스름 달밤에는 우는 소리를 낸다 합니다. 울음소 또는 명연담이라는 이름이 이렇게 생긴 것이라 합니다.

남을 새인 죄야 죽어 마땅하다마는
언약을 지켰으니 거사 또한 군자로다
천 년에 바위로 맺힌 한을 풀어 봄이 어떠리

효자의 붉은 뜻이 굳어 바위가 되단 말가
천 년간 쏟힌 눈물 바위 녹아 소이로다
소 지고 넘치는 물은 한강수로 가더라

나는 여기서 기념 촬영을 하고자 사진기를 처에게 맡기고 잔도의 난간에 걸터 앉았더니, 문득 부쩍 소리 나며 내 몸이 뒤로 거꾸로 넘어갑니다. 때맞춰 나뭇가지를 붙들었기에 망정이지 하마터면 울음소에 시석 한 개가 더 생길 뻔 하였습니다. 처는 소리를 질러 까무라칠 뻔하고 나도 다리가 벌벌 떨려 스스로를 진정할 수가 없었습니다. 저 사닥다리로 내려오던 노인 두 분이 입을 딱 벌리고 어안이 벙벙하여 섰더니, 내가 죽지 않은 것을 보고 가까이 와서 '아이구, 나무아미타불 나무관세음보살'을 연신 부르며 죽다가 살아난 것을 축하합니다.

진실로 만일 나뭇가지를 잡지 못하였던들 그 비스듬한 반석으로 곤두박질을 쳐 사지와 두골을 되는 대로 분지르고 바수면서 명연담 깊은 물에 피투성이를 할 뻔 하였습니다. 낸들 한이 없습니까. 일생을 약속한 처와 동지도 있고, 일생에 성취하려는 작은 일, 큰일도 있습니다. 놓고 가기 어려운 사람들과 두고 가기 어려운 일들. 아아, 나는 죽었다면 시석으로 변하여 하필 비오는 밤이겠다, 밤낮을 안 가리고 울 뻔하였습니다.

이 강산을 어이 두고 가

저 사람들을 어이 놓고 가리

하물며 그네 위하여 볼일 많으니 못 가올까 하노라

떨리는 다리를 겨우 진정하여 통나무에 도끼로 발자국 낸 사닥다리를 더듬어 올라 산만한 큰 바위를 안으로 돌아 넘어가니, 다소 시계가 열리는 골짜기요, 그 골짜기를 오르고 오른 끝에 구름에 가리운 하얀 봉머리들이 보입니다. 저기서 물소리를 따라 십 수 정町을 가노라면 조그마한 인가가 있고, 거기서 좀 더 가면 일본식으로 놓인 속된 나무다리가 있으니, 이름은 좋게 영선교迎仙橋외다. 아마 본래는 통나무 두어 개를 다래덩굴로 매어 놓았던 다리겠지요. 그대로 두었던 편이 얼마나 운치가 많았을까.

만일 인공으로 다리를 놓으려거든 좀 더 모양이나 빛깔이 자연과 조화롭게 만들었어야 할 것인데, 불행히 그 자연이 그만한 정신력과 금력金力을 가진 주인을 못 만나서 이런 속악한 꼴을 보게 된 것을 생각하면 자연을 대신하여 내 가슴이 아픕니다. 이 다리를 건너 가 약 1정 만에 삼불암이 있는데, 길가에 타원형 반쪽 같은 암면岩面에 높이 2장이나 될 만한 삼불을 양각으로 한 것이라. 이것이 전설에 이르는 바 나옹화상이 만든 것이요, 그 뒤쪽에 대불 둘과 소불 육십을 새겼으니, 이것이 금동거사의 오십삼불이라 합니다. 육십인데 왜 오십삼불이라는지는 동행하는 화상에게 물어도 알지 못하였습니다.

옛날에는 삼불암을 벽으로 일전각一殿閣이 있었다 하나 지금은 없고 거기서 다시 수십 보를 가면 서산대사西山大師가 계셨다는 백화암이니, 꽤 웅장한 집이 있었던 것이 6, 7년 전에 불에 탔다 하여 거친 풀밭에 서산대사 기적비紀績碑와 뉘 것인지 모르는 4, 5개 사리탑이 남았을 뿐이요 암자 언덕의 서편에는 지공指空, 무학無學, 나옹 등 이태조 등극 초에 공이 있던 자와 서산, 사명 등 임란壬亂에 공이 있는 스님들의 탱화를 모신 충령사가 있습니다. 신발을 벗고 전내殿內에 들어가 보니 정면 중앙에 지공 대화상이 있고 그 좌우에 서산, 무학, 이러한 순서로 십 수의 영정이 걸렸습니다.

문득 보니 파란 새 한 마리가 하늘 위로 날아다닙니다. 아이들이 그것을 잡으려고 따라다니는데, 조그마한 새는 이리 피하고 저리 피하기에 숨이 차고 눈이 동그래집니다. 아이들에게 그 이름을 물은즉 잣새라 하니, 잣나무 숲에 흔히 산다는 뜻인가 봅니다. 몸은 제비새끼만하고 온몸이 공작빛 같이 파란데 심히 예쁩니다. 아마 새매나 무엇에게 쫓기어 이 도승道僧의 충령들이 모여 있는 곳으로 생명을 도망한 것인가 합니다. 그러한 것을 난데없이 무정한 아이들을 또 만나

이 곤경입니다. 마치 그것이 이를 곳을 잃은 외로운 충혼같이 생각됩니다. 내가 말려 한동안 아이놈들의 화를 면하였으나, 내가 지나간 뒤에는 30분이 못 되어 그 아이 놈들에게 가엾은 희생이 될 것입니다.

충혼忠魂이 접할 곳 없어 고전古殿에 들었거늘
철없는 아이놈들 그마저 쫓단 말가
아마도 이 땅이 험악하여 붙일 곳 없는가 하노라

백화암을 지나 평탄한 도로로 백여 걸음을 가면 몇 개천 소리치는 곳에 긴 다리가 놓였으니 이것이 함영교涵影橋요, 다리 건너 꽤 웅장한 절이 있으니 이곳이 금강 4대 사찰의 하나인 표훈사表訓寺외다. 정문 우측에 어향문御香門이 있으니, 불법을 독실하게 믿어 금강산을 두루 다니신 선조대왕이 머물다 가신 표적이외다. 그 밖에도 선조가 하사하신 동으로 만든 큰 시루가 표훈사의 고물로 남아 있습니다.

천하사 어이하고 산구경만 다니신고
사직의 안위를 불상에 비올 적에

동해에 적선敵船 또 다하니 못내 슬허하노라

만승萬乘의 위位를 비고 산천을 구경하니
풍류야 풍류랴마는 창생蒼生을 어이하리
한 말로 간諫할 이 없으니 못내 슬허하노라

보살아 말 물어보자 네 만일 영靈할진대
우리 님 오신 날에 직간直諫함이 있으려든
지금至今에 손곱고 앉았으니 등신인가 하노라

표훈사 주지에게 과자와 꿀물 대접을 받고 점심을 시킨 뒤에 정양사正陽寺로 오르다. 정양사는 여기서 17정이라고 썼지마는, 길이 바람벽인 데다가 여러 가지 덩굴에 감긴 관목이 무성하여 바람 한 점 구경할 수 없으니, 온몸에 땀이 흐르고 숨이 찹니다. 길가에 우거진 풀 속에 조는 듯이 피어 있는 이름 모를 꽃들과 가끔 만나는 귀여운 다람쥐에 겨우 피로함을 잊으면서, 한 시간이나 허비하여 겨우 정양사에 이르렀습니다.

바로 정양사 마당까지 가도록 집은 안 보이고 관목 숲을 턱 나서니 정양사외다. 여름 햇빛이 차고 넘치는 곳에 단청이 새로운 전각에 조용히 앉았으니, 과연 영지 같아서 속진俗塵의 기운을 벗어난 듯합니다. 그 이름이 정양인 것같이 방광대放光臺의 정남 배꼽 위에 앉은 정양사는 남향이라 과연 정양이외다. 모든 햇빛이 다 이곳으로 모여드는 듯이 밝습니다. 고려 태조가 이곳에 오실 때 영묘한 빛이 밝게 비추었다 하여 방광대란 이름을 얻었거니와, 음침한 관목 숲에서 쑥 나서며 여름 햇빛이 차고 넘치는 것을 보면 과연 영묘한 빛이 비춰질 만합니다. 정양사는 여름 볕 속에 볼 것입니다.

들어가는 좌편이 이름난 게성루揭惺樓니, 집은 그리 좋지 못하여도 거기서 보이는 경치는 아마 천하 모든 누각에서 제일일까 합니다. 누각의 남쪽 난간에 서서 동, 남, 서 3면을 바라보면 바로 다리 밑에서부터 저 푸른 하늘에 이르기까지 크고 작고 높고 낮은 무수한 봉우리들이 한눈에 들어옵니다. 그 봉우리들을 보건대, 여기서 보이는 것이 이름 있는 것으로만 47봉이니, 한 누각에 서서 삼십 리 거리 이내의 47봉을 일거에 본다 하니 그 경치가 가관일 것이외다.

알기 쉽게 말하면, 망군대에서 보이던 봉들 중에 능허봉 하나를 제하고는 거의 전부가 다 보이는 셈이외다. 위치가 망군대와 같아 높아서 그런 것이 아니라, 높이는 그 반에 지나지 않지만 모든 봉이 다만 조금씩이라도 그 꼭대기만은 여기서 보이도록 배치가 된 것이니 참으로 신통합니다. 절묘합니다.

망군대는 높은지라 봉우리와 골짜기를 발아래 내려다보게 되었지만 게성루에서는 돈도, 송라연봉 전체와 그 밑에 흐르는 만폭동 하류의 깊고 그윽한 계곡을 보는 외에는 모든 봉우리의 꽃만을 보게 되었으니, 마치 게성루를 중심으로 한 부채 꼴 모양 위에 1만2천봉이 일렬로 늘어선 것 같습니다. 오직 색채의 농담과 윤곽의 정조精粗[048]로 그 거리를 짐작할 뿐이외다.

혹은 앞에 있는 봉우리의 머리로 넘겨보고 혹은 어깨 위로 엿보며, 혹은 고개를 잠깐 기울이고 두 봉우리의 머리 틈으로 엿봅니다. 봉우리의 키도 천태만상이요 봉우리 모양도 천태만상이니, 혹 톱날을 휘어 세운 듯도 하고 혹 창칼을 벌여 세운 듯 합니다. 층만첩장層巒疊嶂[049]이란 말이 여기 와서는 꼭 그대로 제 뜻대로외다.

---

048 정밀하고 거침, 또렷함과 흐림
049 켜켜이 둘러 에워싼 봉우리

망군대에서는 내금강의 조감도를 볼 것이요, 게성루에서는 그 측면도를 볼 것이외다. 망군대의 전경과 게성루의 전경이 다 각기 특색이 있어, 금강 전체의 아름다움을 보려는 자는 불가불 두 가지를 다 보고 비교할 필요가 있습니다. 옛사람이 게성루를 읊은 시 중에 '금강산의 진면목을 알려하면 해질녘 오직 게성루에 올라서 보아야 한다[050]라는 구절이 있습니다.

특히 석양을 적당한 시각으로 정한 것은 까닭이 있다 합니다. 단풍철에 석양이 천봉만만千峯萬巒[051]을 비추는 경치는 참 아름답다 합니다. 그래서 금강의 진면목은 단풍철에 있고 단풍철의 진면목은 석양에 있다 합니다. 나는 불행히 여름철에 왔기 때문에 이 단풍과 석양의 금강을 보지 못함이 한이거니와, 그렇다고 금강의 아름다움이 반드시 단풍철에만 한할 것은 아니외다.

겨울철에 허옇게 흰 눈이 내린 금강과 봄날 차가운 노을이 가득한 금강도 좋은 것이요, 지금 내가 목전에 대하고 있는 여름철 안개의 금강, 구름의 금강, 비오는 금강, 넘치는 햇

---

050   욕식금강진면목欲識金剛眞面目 석양수상계성루夕陽須上揭惺樓
051   천개의 봉우리와 만개의 산, 무수한 산과 봉우리

빛 속의 금강, 물소리의 금강도 아름다움을 버릴 것은 아닙니다. 도리어 그 변화의 다양함은 여름철이 제일일 것입니다. 지금 이 게성루 위에서 보더라도 구름이 갈 때는 없던 봉우리가 드러나고, 구름이 올 때는 있던 봉우리가 스러집니다.

안개가 봉우리의 허리를 두르니 봉은 창천에 달린 듯하고, 봉의 머리를 싸니 봉은 머리 없는 봉이 됩니다. 다시 그 안개가 봉을 머리에서 배까지 가르니 문득 하나의 봉우리가 쌍봉이 되고, 그 안개가 소나무와 잣나무 속에 스러지니 쌍봉이 일봉이 됩니다. 다시 안개가 송백 속에서 나와 엉키니 문득 흰 바위가 되고, 엉키었다 새로 흐르니 문득 폭포가 되고, 폭포가 되었다가 마침내 흩어지니 한 무리 면양綿羊이 되고, 스러져 하늘로 오르니 신선이 차를 달이는 연기가 됩니다.

이윽고 봉들이 몽환 중에 점점 엷게 몽롱하게 되니 산비가 지나감이요, 1만2천봉이 일시에 쑥쑥 나서니 구름 터진 틈으로 햇살이 내려쏨이외다. 햇빛과 구름과 안개와 비는 일순에 쉼이 없이 금강산의 모양과 색채를 변화시킵니다. 아침부터 저녁까지, 달이 있거든 밤까지 지키고 있을진대 이 금강산이 몇 천만의 변화를 할는지 알 수 없을 것이외다. 과연 자연의 조화는 무궁하외다. 그는 끝없는 세월에 쉼이 없이 무한한 새로운 세계를 만듭니다. 더욱 여름날에 그러하고, 그중에도 금강의 여름에 그러합니다.

　　계성루 올라서니 만이천봉 일모一眸인데
　　백운白雲이 가고 오니 경개 또한 만이천을
　　단풍이 석양에 타는 양이 더욱 좋다하더라

　　금강산 이뤘으니 계성루 없을소냐
　　계성루 있을진대 시인이 누구누구
　　누樓 있고 시인 없으니 그를 아껴 하노라

　　영랑봉 비로봉과 상하 중향上下衆香 일월출日月出
　　망군대 지장백마地藏白馬 상하 금수錦繡 향로봉
　　차례로 만이천봉이 고개 들어 보더라

　셋째 수는 계성루에서 보이는 비교적 높은 봉을 북, 동, 남, 서의 순으로 위치를 따라 늘어놓은 것이요, 상하 금수, 대소 향로의 네 봉우리는 바로 누각의 앞에 보이는 것이외다. 계성루와 육각당六角堂 사이에 오래된 탑 하나와 석등롱

[052]이 있으니, 신라 때의 작품인데 금강 3고탑의 하나요, 착상과 수법이 매우 정교합니다. 탑은 5층, 높이 2정(=약 6m). 육각당은 금강산 건물 가운데 미려하기로 이름난 건물이라 하며, 안에는 석조 약사여래를 모셨고 육각당의 후면, 즉 동남에 반야전이 있으니 대반야경을 모신 곳이외다.

작은 절에는 너더댓 명의 구경꾼 외에 인적이 없고, 상투 있는 하인의 말을 듣건대 주지 노스님은 표훈사에 내려가고 없다 합니다. 이윽고 표훈사에 내려와 점심을 먹다. 표훈사의 동쪽 옆문으로 수채를 끼고 나서서 십 수 걸음을 가면 금강문이외다. 칼로 쪼갠 듯한 큰 바위 둘이 이마만 마주대고 마주앉아 문이 된 것이니, 이렇게 생긴 것을 다 금강문이라 부릅니다.

만물초萬物草, 천선대天仙臺와 외금강, 구룡연九龍淵 가는 길에도 금강문이 있거니와, 만폭동의 금강문이 그중에 가장 속됩니다. 금강문을 나서서 소나무숲 속으로 청학대靑鶴臺를 왼편에, 물소리를 멀리 오른편에 두고 한 마장이나 가노라면 길가의 반석 위에 금강산 세 자를 가로 새긴 것이 있으니, 전설에 일곱 살 아이가 '金剛' 두 자를 쓰고는 정력이 다하여 죽으면서 유언하기를, 후일에 '山' 자를 채우는 자가 있거든 자기의 후신後身으로 알아 달라 하였답니다.

그런데 몇 해 전에 김해강金海岡이 자기의 아들로 하여금 그 산 자를 채우게 하고, 그 끝에 일곱 살 아이가 재생하여 이것을 썼다는 연유緣由를 기록하였다 합니다. 산 자를 새길 때에 금강 두 자까지 가획을 하여 고색을 깨뜨린 것은 실로 무지한 짓이외다.

거기를 지나 수 걸음에 흑철黑鐵로 싼 듯한 향로봉을 사이에 두고 계곡이 둘로 갈렸으니, 북으로 뚫린 것이 내원통동內圓通洞이라. 내원암內圓庵, 태상동太上洞, 선암을 지나 수미암에 이르러 능허, 영랑 두 봉의 사이를 연한 산에 이르는 20리 긴 계곡이라. 그 깊고 심오함이 영원동 이상이라 하며, 거기서 동쪽으로 뚫린 것이 만폭동이니, 마하연을 지나서 다시 동과 북으로 갈려, 하나는 무재로 하나는 비로봉으로 통하는 20리, 30리에 달하는 긴 계곡이니, 실로 내금강의 중앙을 동서로 종단하는 계곡이외다.

동쪽으로부터 오는 만폭동의 물과 북쪽으로부터 오는 내원통동의 물이 합하는 서쪽으로 장안사를 향하고 가는 만천강萬川江이 되는 삼거리에 큰 반석이 깔렸으니, 그 위에 양봉래楊蓬萊[053]가 썼다는 '봉래풍악원화동천蓬萊風岳元化洞天'이라는 여덟 자가 새겨 있고, 바로 그 곁에 만폭동萬瀑洞의 세 자가 있습니다. 다 초서로 썼는데 매우 잘 쓴 글씨라 합니다. 여기 앉아보면 세 계곡을 다 들여다볼 수가 있으나, 과연 동천이 열렸다 하겠고 육면이 모두 천인절벽千仞絕壁(=천길 절벽)에 노송이 거꾸로 달렸고, 노송과 가지 끝에 흰 구름이 걸렸으며, 백운이 피어오르는 끝에 맑고 파란 하늘이 덮였습니다.

게다가 절벽은 대개 갈아 놓은 듯한 흑색 암석이니, 마치 철갑을 입힌 듯하여 사람은커녕 원숭이도 발을 붙일 곳이 없으며, 발아래를 보면 옥같이 흰 바위 위에 수정 같은 물이 소리를 치고 달려옵니다. 가끔 청풍이 불어 절벽과 노송을 울리니, 물소리가 바람소린지 바람소리가 물소린지 분간할 수가 없습니다. 이런 좋은 경치에서 노래가 아니 나올 리가 있습니까.

---

053 조선 중기의 문신이며 서예가로 시문과 서예에 능했다. 안평대군, 김구, 한호와 함께 조선 4대 서예가로 불렸다. 회양군수로 있을 때 금강산에 자주 놀러가 경치를 감상하였다. 문집으로 『봉래집』이 있다

바람이 물소린가 물소리 바람인가

석벽에 달린 노송 움츠리고 춤을 추니

백운이 허우적거려 창천에서 내리더라

청학봉 솔을 베어 일장금 —長琴 하옵거딘

원화동천의 신곡 神曲 도 전하련만

천옹이 말라 하시니 하릴없어 하노라

청학봉 향로봉에 소나무 좋을시고

붉은 몸 푸른 잎에 대조차 곧단 말가

절벽에 인적이 끊었으니 못만짐이 설워라

석벽에 붙은 저 허리 굽은 노송아

하고 많은 땅이어늘 구태여 거기 어이

우리도 속진 俗塵 을 끼오매 예 왔노라 하리라

청학봉, 향로봉이 바위 하나로 갈아놓은 듯하게

흙 한줌 없는것을 보고,

산이라 산이라니 무슨 산만 여겼던고

큰 바위 갈아내어 백운 중에 세웠더라

풍우에 썩은 한 줌 흙이야 있다 어이 하리오

봉峰의 몸이 그렇게 검은 것은 옻칠 같은 돌옷이 앉은 때문이외다. 내금강의 봉을 형성한 바위들은 은백색인 것이 예사건만 청학, 향로 등 키 작은 봉우리들은 다 이렇게 까맙니다. 까만 것이 통례인 외금강에도 천화대 같은 고봉은 흽니다. 흰 것은 은백색의 돌옷이 앉기 때문이외다. 높은 봉에 흰 돌옷, 낮은 봉에 검은 돌옷, 이것은 아마 기후의 관계인 듯합니다.

만폭동이라고 쓴 곁에 바위에 새긴 바둑판이 있으니, 이것이 양봉래의 놀던 곳이라 합니다. 전설에, 신라의 사선四仙이 금강산과 관동 각지에서 놀았다 하여 그 유적이 많고, 특히 영랑선인仙人이 그 중에 유명하였던지 영랑이 숨어 있었다는 영랑봉이 있고, 고성高城에 영랑호가 있습니다. 아마 그네들이 놀고 간 뒤에는 명종조 초 양봉래가 금강산에 노닌 풍류객 중에 제일인 모양이외다.

그는 청주 사람으로서 등과하여 수령도 지내고 하다가 표연히 속세를 버리고 금강산에 들어 처사處士로 날을 마치니, 외금강 신계사의 동석동動石洞과 이 만폭동에 그의 유적이 있습니다. 나는 그러한 사람을 숭배도 안하고 도리어 사회에 대한 의무를 도피하는 자라 하여 공격도 하고 싶지만, 그가 이 대자연의 아름다움을 이해하고 열애한 아름다운 심정은 사모하지 않을 수가 없습니다. 더욱 우리 민족의 심정이 무디고 식어 선인의 민감敏感을 다 잃어버려, 제 집에 있는 자연의 아름다운 경치를 돌아볼 줄도 모르는 오늘날에 그를 사모함이 간절합니다.

만폭동 반석 위에 바둑판 그려 놓고
금강산 풍월을 혼자 맡아 노단 말가
아마도 풍류남아는 너뿐인가 하노라

양처사 바둑판이 비인 지 오래기로
청계에 돌을 주워 날 맞도록 앉았으나
어느 벗 하나 오리 혼자 놀까 하노라

산수야 좋다마는 주인이 그 누군고
이 좋은 청풍명월이 헛되이 늙단 말가
영랑자永郎子 가고 아니 오니 벗 그리워하노라

만폭동에서는 눈으로 보기만 해서는 안 됩니다. 그 소리를 들어야 합니다. 모양과 빛과 소리, 이 세 가지를 다 맛보아야 합니다. 소리를 자세히 들어 보시오. 물소리, 바람소리, 바람 맞아 우는 소나무와 절벽의 소리, 천관만현千管萬絃이 어우러져 우러나는 그 풍류를 들어야 합니다.

송풍松風은 거문고요 만폭수 비파로다
천겁千劫에 아뢰는 곡조 뉘 있어 들었던고
신선이 허사虛辭이오며 바위뿐인가 하노라

바위야 늙은 바위 네 신세 부럽고야
천악天樂에 취하여서 백운 속에 누웠으니
골수에 엉킨 기운이 청풍인가 하노라

참말 금강산 바윗돌은 행복이외다. 석수石手가 들어와 때려낼 근심도 없고, 천공天公이 만들어 놓은 그대로 오직 맑은 물과 맑은 바람에 천공의 자애로운 조탁彫琢을 받아 날로날로 모양을 변하며, 날로날로 아름다워지면서 천국에 임하기를 기다릴 뿐이외다. 오직 사람의 발이 갈 수 있는 바위가 수없는 추한 자들 이름자에 더럽혀진 것이 한이외다. 그것도 썩 잘 쓰는 글씨로 썩 훌륭한 시구나 새겨 붙였든지, 아름다운 맘을 가진 미술가의 손으로 아름다운 조각이라도 되었다 하면, 도리어 사람의 정신의 미와 자연의 미가 한데 조화가 되어 더욱 금강 의미를 증진시키기도 하련만, 탐관오리와 이름 없는 속인들의 성명 세 자로 이 아름다운 바위들을 더럽힌 것은 참말 원통하고 부끄러운 일이외다.

더욱 만폭동 일대가 심하니, 이 추함을 씻어 버리려만 몇 백 년 내지 몇 천 년의 시일을 허비해야 할 것 이외다. 아아, 생각할수록 철없는 사람들이외다. 양봉래의 바둑판을 지나서부터 마하연 조금 못 미쳐 화룡담火龍潭에 이르기까지 약 10리 동안이 만폭동이외다. 우리는 이제부터 만폭동의 사람이 되는 것이외다.

바둑판에서 얼마를 가면 비스듬히 폭포 바로 위에 통나무 두 개를 건네 놓은 다리가 있으니, 길이는 7, 8 걸음에 지나지 않되 발 한 번만 잘못 디디면 생명이 위태한 곳이라 건너가기가 무시무시합니다. 그 다리를 건너 큰 바위 몇 개를 넘어 다시 그와 같은 다리가 있으니 이것이 방선교訪仙橋 외다. 다리를 건너 산기슭으로부터 가노라면 길가 이끼 앉은 바위에 매월당梅月堂의 '산과 물을 즐기는 것은 인지상정인데 나는 산에 올라 울고 물가에 이르러서도 운다[054]'한 획자가 당시 선생의 비감한 회포를 행인에게 말합니다.

다시 한참 가서 바위를 더듬어 개천을 건너면 사선대四仙臺라고 새긴 큰 바위가 있고 그 바위 윗부분에 영아지映娥池라는 세 자가 새겨져 있으니, 거기서 내려다보면 바로 그 바위 밑에 마름모꼴의 연못이 있습니다. 못은 계곡물의 한 줄기에 불과하지만, 그 삼면을 두른 벽이 마치 붉은 벽돌로 쌓은 듯하고 물 밑도 인공으로 네모반듯하게 판 듯하며, 적색을 띤 맑은 물이 거울처럼 고요합니다. 이것이 영아지라는 것이니, 영아라는 이름에는 전설이 있습니다.

여기서 동으로 보면 법기봉法起峯의 서남쪽 기슭 석벽에 기다란 구리기둥 하나에 버티어서 훅 불면 날아갈듯한 조그마한 암자가 있으니 이것이 보덕굴普德窟이외다.

고려 말에 회정법사懷正法師라는 스님이 있더랍니다. 그이가 석장錫杖을 끌고 만폭동으로 올라오다가 여기 와서 날이 저물어 이 바위 위에서 밤을 새우는데, 마침 이 영아지에 어

떤 등불이 비치고 그 등불 곁에 엷게 화장한 미인이 바느질을 하고 있더랍니다. 날이 밝기를 기다려 법사는 불 있는 데를 찾아 올라갔으나, 집도 없고 사람도 없고 한 석굴 속에 오직 촉대 하나와 향로 하나만이 있을 뿐입니다. 이에 법사는 그 석굴에 의지하여 암자를 짓고 관음보살의 상을 모셨다 합니다. 이것이 보덕굴이니, 그때에 보이던 미인이 보덕각 씨요, 그는 관음의 현신現身이라 합니다

　여기서 바위 몇 개를 넘어 개천을 건너면 끝없이 넓은 듯 커다란 반석이 있고, 그곳으로 굴러 내리는 푸른 옥 같은 물이 나는 폭포가 되고 심연이 되어 소리와 빛이 무한히 변화합니다. 만폭동의 만폭이라는 특색이 여기서부터 시작되니, 지금 보이는 푸른 소가 청룡담靑龍潭, 거기서 반석으로 이십보나 올라가면 이름과 같이 짙푸른 색을 피는 벽파담碧波潭, 거기서 북으로 몇 걸음 올라가면 흰 구름 같은 물보라를 치는 분설담噴雪潭이외다. 그 물보라를 무릅쓰고 담潭의 서편 물가에 꾸부리고 선 큰 바위 밑에 들어가 허리를 꾸부리고 서면, 바로 나를 향하고 달려드는 듯한 분설폭噴雪瀑의 시원하고 기운찬 모양에 골수까지 식어 들어가는 것 같습니다. 더욱이 암굴에 울리는 그 우렁찬 소리, 바위 처마 끝으로 보

이는 맑은 하늘과 흰 구름의 조그마한 조각, 말할 수 없이
웅장하고 상쾌한 경치외다.

초열焦熱[055]한 이 세상을 행여나 식혀져라
겨우내 여름내나 뿜나니 눈이로다
눈 뿜어 안 식는 세상이니 얼음이나 뿜을까

그 암굴에서 나와 반석 위에 북향하고 서면 중향성衆香
城의 백옥 같은 봉머리가 살짝 보입니다. 그것이 법기봉의 성
긴 노송을 전경前景으로 하는 모습은 참 아름답습니다. 분설
담 앞에서 북향하고 서서 산의 용모와 구름의 모습을 즐겨
구경하기를 잊어서는 아니 됩니다.

여기서 개천을 건너 석벽을 기어오르면 보덕굴이외다. 세
칸間 통이나 될 만한 기와집이 있는데, 인적은 없으나 마당
에 장작과 담뱃대가 있는 것을 보니 아마 기도하러 온 사람
이 있는 모양이외다. 절벽을 향한 편으로 벽이 있고 그 안에
통로가 있는데, 그리로 걸어가기가 심히 아슬아슬합니다. 방

---

055 타는 듯이 뜨거운

의 앞문이 그곳으로 향하였는데, 문을 열어보니 어둠침침한 조그마한 방의 정면에 한 폭의 불화가 걸린 것밖에 아무 세간도 없습니다. 누가 지었는지 모르는 집, 바르기는 누가 발랐는지, 불상을 누가 갖다 걸었는지, 또 이 집에 어느 어느 몇 사람이나 들었던지 알 길이 없습니다. 아마 노승도 있었겠지요. 젊은 중도 있었겠고 여승도 있었겠지요. 본래 주인 없는 집에 집 없는 무수한 사람들이 드나듭니다.

그 컴컴한 복도를 지나 서쪽 마당에 나서면 상하 향로봉이 바로 눈앞에 보입니다. 그 마당의 남쪽 끝에 돌 층층대가 있으니 한걸음, 한걸음 내려놓기에 전신이 자릿자릿합니다. 아무쪼록 절벽을 내려다보지 아니하고 가까스로 10여단을 내려가면 삼면을 절벽에 기대고 한 면을 구리기둥으로 버틴 조그만 집이 있으니, 이것이 바로 보덕굴이라는 굴의 입에 매어단 관음당이외다.

발을 가만가만히 옮겨 집안에 들어가니 북벽 굴 어귀에 조그마한 관음보살의 소상塑像(=진흙으로 빚은 불상)을 안치하고 시주들이 불상에 소원을 비는 축문이 놓였습니다. 방의 서남쪽 모퉁이에 네모난 구멍이 있는데, 그 뚜껑을 떼고 엎드려 내려다보니 구리기둥이 천 길이나 되어 보이고, 나뭇가지와 풀 잎

사귀가 저 세상 것같이 멀리 내려다보이며 찬바람이 휙휙 들여 쏠 때에는 온몸에 소름이 쪽쪽 끼칩니다. 하도 무서워 오래 보지 못하고 조심조심 일어나서 눈 감고 거기서 나와 층층대로 뛰어 올라와 마당에 올라서야, 그제야 숨도 나오고 웃음도 나오고 '에구, 무서워' 하는 소리도 나옵니다. 참 무섭습니다. 이것은 사람의 집이 아니라 소리개나 수리의 둥지외다.

어떤 일 좋아하는 이가 이런 데다 집을 지었나
백운은 마당에 뜨고 산풍山風은 방고래로 드네
조그만 관음보살도 벽에 붙어 떨더라

서천 서역국 설산 밑 항하恒河 가에
관음보살이 암자를 지었더니 보살이 잠든 틈에
광풍이 날리어 동으로 동으로 오다가 법기봉에 걸리니라

노승이면 자고 소승小僧이어든 자들 말아
잠든 새 광풍이 불어 너 채 집채 댕글이 들어
옥경玉京으로 올려가면 세상이 그려 어이하리
그립고 못 보는 님을 너도 알까 하노라

보덕굴에서 내려와 다시 한참 동안이나 분설담의 경치에 취하였다가, 거기서 층암層巖[056]을 기어올라 위태로운 사다리를 더듬어 십 수 걸음을 가노라면 온통 한 장 돌로 된 훤출한 큰 소沼가 있으니, 이것이 진주담眞珠潭이외다. 진주라는 뜻은 폭포가 담에 내려찧는 서슬에 무수한 물방울이 물속에서 솟아나오니 그 모양이 진주 같다 함이외다.

백진주 황진주야 억조億兆 넘는 저 진주를

어디다 쓰잔 말고 우리 님의 목걸이냐

두어라 만이천 대법연大法筵에 뿌려볼까 하노라

진주담은 바로 파륜봉波倫峯과 법기봉의 사이에 있어 수석의 아름다움이 만폭동의 으뜸이라 하겠습니다. 담 동편의 반석 위에 우암尤菴[057] 친필의 율시 한 수가 새겨 있습니다. 그리고 담의 서쪽, 즉 파륜봉의 산허리 크고 넓은 수백 척의 대반석에 김해강의 법기보살이라는 한자가 한 칸 통이나 되는 큰 글씨를 새기고, 그 곁에 좀 작게 천하기절天下奇絶이

---

056 층계처럼 된 바위

057 송시열, 조선 후기의 학자 겸 정치가로 노론의 영수

라는 초서로 새겼습니다. 자연의 풍치를 해함이 적지 아니하외다.

그 슬픈 대반석이 위로 끝나는 곳에 꼭 비석 같은 것이 있습니다. 그 키가 엄청나게 큰 것과 좀스럽게 정돈된 기교가 없는 것을 보아 사람의 손으로 된 것이 아님은 분명하외다. 그 석비는 북으로 중향성을 향하고 섰는데, 이것을 금강산 기적비紀蹟碑라고 일컫습니다. 기적비라 하면 물론 금강산을 만든 연기와 대지주와 도편수 감독관 등의 성씨 명과 낙성 연월일을 기재하였을 것이니, 인간을 인간식으로 이해하면 이러한 모양일 것이외다.

금강산 기적비

하나님께서 천지를⋯⋯

개벽: 0백 0수 만년 0월 0일

대시주: 하느님

도편수: 하느님

그러나 비면에는 인간문자가 있을 리가 없습니다. 사람의 눈으로 분변할 수 없는 그 속에서 인적이 이르지 못할 곳에 세웠기 때문에, 무지한 사람의 손이 이 신성한 기적비를 더럽히지 못하였습니다.

인적 이르지 않는 곳에 홀로 선 저 석비야
세운 이 그 누구며 적은 말은 무엇무엇
속안이 천어天語를 모르니 그를 슬허하노라

진주담에서 한 층을 더 오르면 귀담龜潭이외다. 담 중에 한 바위가 있어 모양이 거북과 같다 하여 귀담인데, 과연 거북과 같습니다. 남쪽을 향하여 고개를 번쩍 들고 앉았습니다.

거북아 돌거북아 천만 년 풍우 중에
무엇을 생각노라 고개 들고 앉으신고
세월이 하도 오래니 그 무엔지 몰라라

남해 용왕이라 중향성 찾던 길에
그린 님 헤온 죄로 화하여 돌이 되니
삼천 년 청류에 씻어도 업 끊일 줄 몰라라

담무갈 보살님이 마하반야摩詞般若 비롯던 날

사해四海 어별魚鼈(=물고기와 자라들)이

법연에 모일 적에 왔다가

가기를 잊고 이곳에 돌이 되다

운산雲山이 하도 좋으니 갈 뜻 없어 하노라

귀담에서 다시 한 층을 오르면 선담船潭이니, 큰 반석이 물에 패여 불규칙한 장방형의 소가 되니 그 모양이 배와 같다 하여 선담이외다. 크기가 세 칸 방만한데, 맑은 물이 고인 양이 심히 아름답습니다.

그 누구 배를 내려 중향성 든 후로는

나무가 돌 되도록 돌아올 줄 모르는고

아마도 반야경 듣사옵다가 석불 된가 하노라

바로 담의 동봉이 법기봉인데, 꼭대기에는 두 바위가 있으니 동쪽에 걸터앉은 듯한 것은 법기보살이요, 그 앞에(즉 서쪽에) 꿇어앉은 듯한 것은 법기보살의 〈마하반야경〉 설법을 듣는 파룬波倫 보살이외다. 이것은 선담에서는 안 보이고 마하연이나 백운대에서야 잘 보이는데, 그 바위 생김이 과연 한 스승을 걸터앉고 한 제자는 꿇어앉은 것 같습니다.

또 선담과 화룡담 서쪽 파룬봉의 동쪽 산기슭에는 장경암藏經岩이라는 바위가 있으니, 네모난 바위가 여러 층으로 쌓여 성같이 되었는데 다시 책을 올려 쌓은 것 같으니, 그래서 불도佛徒들이 장경암이라고 이름 지은 것이외다. 이제 선담과 장경암과 파룬암을 합하여 한 전설을 이루니, 곧 파룬보살이 법기보살의 반야경 설법을 듣고자 천신만고로 동으로 동으로 배를 저어 한강을 거슬러 올라, 만폭동을 다 지난 곳에 배를 매고 배 위에서 휴대하였던 팔만대장경을 파룬봉 기슭에 쌓은 채로 법기봉 꼭대기에 올라 반야경을 들으니, 그러는 동안에 배는 가라앉아 돌이 되고 대장경도 돌이 되고 제 몸조차 돌이 되는 줄도 모르고 앉았습니다. 그동안이 몇 천 년인가, 몇 만 년인가.

선담에서 다시 한 층을 오르면 내산팔담內山八潭의 제8이요 만폭동의 끝막이 되는 화룡담이외다. 폭포 서북쪽에 큰 바위가 있으니, 거기 오르면 화룡담, 선담이 보이고 귀담, 진주담 저편까지 담은 안 보이나 계곡이 내다보입니다.

화룡담에 관하여 옛 글을 보건대 "물이 깊어 밑이 아니 보이니 용이 살 듯하다" 하였지만 지금은 모래에 메워져서 그렇게 깊지도 않습니다. 담의 북쪽 십 수 걸음에 사자봉_{獅子峯}이 있는데, 원래는 봉이겠지만 지금은 흙이 다 씻겨 내려가고 바위기둥만 남았으며, 그 꼭대기에 사자 모양으로 생긴 바위가 있으니, 옛날 어떤 오랑캐 군사가 이리로 들어오다가 이 사자가 한 번 소리를 치는 통에 모두 혼비백산하여 달아났다 하니, 깊은 산에 숨은 석사자_{石獅子}로서 능히 조국을 위하여 힘쓸 줄을 아는 기특한 짐승이외다.

옛날에 이 사자와 화룡담의 화룡_{火龍} 사이에 싸움이 있었습니다. 어찌된 일인지 사자의 한편 발을 고였던 바위 한 조각이 없어졌는데, 사자는 화룡에게 책임을 돌려 화룡으로 하여금 건너편 법기봉에서 거기 맞을 바위 하나를 빼어다가 자기의 발을 고이기를 요구하고, 만일 그렇지 않으면 화룡을 담에서 내쫓는다고 위협하였습니다. 화룡은 어쩔 수 없어 그 요구대로 법기봉 머리에서 네모난 바위 한 개를 뽑아다가 사자의 발에 고여 주었는데, 지금도 사자의 오른편 앞에 책상 덩어리만한 큰 돌이 있고 법기봉 절벽 가에는 그만한 돌이 뽑힌 자리가 있습니다. 아마 이런저런 일이 모두 귀찮아서 화룡은 도망을 가고 지금은 사자 혼자서 옛날 일만 생각하고 심심하게 앉은 것 같습니다.

이리하여 만폭동은 다 올라온 셈이외다. 여기서 한 마장만 가면 마하연이외다. 만폭동은 수없는 봉들과 기괴하고도 청아한 빛깔과 모양을 가진 바위와 제 맘대로 자란 늙은 소나무와 맑고 변화 많은 물과 봉머리로 나는 흰 구름, 계곡으로 부는 청풍, 이 모든 재료를 가장 우아하고 운치 있게, 깊고 그윽하게, 변화 많게 배치한 것이외다. 동명洞名은 만폭이라 하였으니, 이 뛰어난 경치의 주인을 물로 잡은 고인古人의 뜻이외다.

과연 물의 모양과 소리에 제한이 없겠지요. 빗물, 시냇물, 강물, 바닷물, 폭포물. 그러나 물의 흐르는 모양과 소리가 만폭동같이 다취다양多趣多樣한 데는 천하에 없을 것이외다. 평평한 반석 길로 소리 없이 흐를 때에 큰 강의 맛이 있고, 옥같은 자갯돌 위로 달달달 굴러 내릴 때에는 시내의 맛이 있고, 좁은 길에 한데 모여 굵은 폭포가 될 때에는 뇌정벽력雷霆霹靂058이 지축을 흔드는 듯하다가, 넓은 길에 벌려 서서 비스듬히 내려 달릴 때에 주렴을 드리운 듯 패옥佩玉[059]이 우는 듯하다가, 더욱 넓은 길에 더욱 잔잔히 내려갈 때에는 엷은 비단을 헤운(=풀어헤친) 듯합니다.

청룡담으로 흐르는 물을 완사담浣紗潭이라 함은 참 잘 지은 이름이외다. 큰 폭포가 좁은 담에 떨어질 때에 깨어져 진주가 되고 흩어지는 비가 되고, 작은 폭포가 넓은 담에 내려올 때에 청룡, 흑룡이 조는 듯한 고요한 담이 됩니다. 깊은 길로 달릴 때는 쿵쿵쿵 울리고 얕은 데로 흐를 땐 재갈재갈 지저귑니다. 작은 물소리, 큰 물소리, 떨어지는 소리, 솟아오르는 소리. 바위에 부딪는 소리, 자갯돌을 차고 넘는 소리, 그 소리를 되울려 오는 바윗소리, 산의 소리, 모든 것이 합하여 웅대한 오케스트라를 이룹니다.

하필 만폭이리오. 십만폭도 옳고 백만폭도 옳을진대. 일폭이 있으므로 반드시 일담이 있으니, 만폭이 있으면 만담이 있을 것이외다. 일폭이 있으려면 반드시 큰 바위 하나가 있어야 하니, 만폭이 있으려면 만암이 있을 것이외다. 일폭이 떨어지매 반드시 한 소리가 나니 만폭이 떨어지면 만 소

---

059 중국 은나라 때부터 비롯된 관리들의 풍습으로 벼슬아치의 예복 위에 좌우로 길게 늘이어 차는 옥

리가 날 것이외다. 불과 십 리 거리에 그 중에도 흑룡담과 화룡담에 이르는 8담 사이에 불과 5리 정도 거리에 이러한 변화가 있다 함은 과연 놀랍지 않습니까. 게다가 굽이굽이 돌아설 때마다 산의 생김과 물빛과 구름의 모습과 바위의 자태가 각각으로 변하니 진실로 천하절승이 빈 말이 아니외다.

백운대白雲臺 ～선암船庵 ～수미암須彌庵

마하연에서 잠깐 다리를 쉬어 오후 한 시에 다시 백운대, 선암, 수미암을 향하여 떠났다. 흰 구름장은 떴건마는 째듯이 볕이 내리쪼이고, 좁은 골짜기의 한 길이 넘는 풀 속에서는 후끈후끈한 더운 기운과 함께 벌레 소리가 들립니다. 그런 길로 북쪽을 향하여 수십 걸음을 들어가노라면 갈림길에 닿으니, 오른쪽은 선암, 수미암으로 가는 길이요, 왼편은 냉회암冷灰庵, 백운대, 금강수金剛水로 가는 길이외다.

그 길을 왼편으로 꺾어 우거진 관목 숲 사이로 급한 언덕을 한참 기어오르면 땀이 흐를 만한 때에 조그마한 암자가 있으니, 냉회암이라는 현판이 붙었습니다. 툇마루에 걸터앉아 동남으로 보이는 남순동자南巡童子[060]라는 바위도 보고, 상투 있는 청년이 금강수를 먹으러 와 있노라는 말도 들으면서 한참 다리를 쉬어 동쪽으로 백운대를 향하고 가니, 우물가에 어여쁜 다람쥐 하나가 사람 무서운 줄도 모르고 나와 앉았습니다.

관목 숲으로 두서너 고개를 내리고 올라 바람 같은 절벽을 게걸음으로 비스듬히 기어오르면 2장丈이나 될 암벽이 가로막힌 곳에 쇠사슬이 걸렸습니다. 망군대에서 60여 척의 쇠사슬을 간신히 잡은 경험을 가진지라 무서울 것도 없지만, 경사가 하도 급하고 또 벽의 오른편이 낭떠러지가 되어서 꽤 조심스럽습니다. 거기를 올라서면 너비 두세 척이 될락말락한 등성이인데, 이런 데를 바위를 기어 넘고 노송을 더우잡아 삼사십 걸음이나 광대줄 타는 생각으로 나아가면, 뭉투룩하고 번쩍 들린 해발 3천여 척의 백운대 끝에 올라섭니다. 끝에는 바위가 있고 십 수 그루의 왜송矮松이 늙어 붙었습니다.

---

060 화엄경 입법계품에 나오는 동자로 문수보살의 안내를 받아 53명의 선지식을 만나 가르침을 받는다. 관세음보살 오른쪽에 서 있으며 얼굴과 어깨가 둥글고 이목구비가 단정하다. 선재동자라고도 한다

백운대의 생김생김이 꼭 높은 성과 같으니 성이 끝나는 곳이 곧 대臺이외다. 좌우편을 깎아 내고 등심 뼈만 남았는데 그 두골頭骨이 곧 백운대외다. 앞도 천 길 낭떠러지요 좌우도 천 길 낭떠러지요, 뒤만 실만한 길로 석가봉에 매어 달았습니다. 바위 위에 서서 남쪽을 향하면 관음봉, 혈망봉, 법기봉의 연봉이 병풍같이 둘려 있고 혈망봉 위로 망군대가 넘겨다보이며, 관음봉 동쪽으로는 안무재로 가는 골목, 법기봉 서쪽으로는 만폭동 골목이 피어오르는 푸른 구름에 싸였습니다. 관음봉 머리 북쪽에 기다란 치맛자락을 서풍에 날리며 걸어오는 바위는 관음암이요, 법기봉 머리에 서쪽을 향하고 앉아 한 팔을 넌짓 들고 반야경을 설하는 것이 법기암, 그 앞에 한 무릎을 꿇고 고개를 숙이고 앉은 것이 파룬암이외다. 그 중에도 관음암은 참말로 실물과 흡사한 조각이외다. 새파란 상록림 속에 하얀 그 모양, 한 발 내어 디디고 치맛자락을 펄펄 날리며 봉머리를 스쳐 돌아오는 모습은 참으로 절묘합니다.

저 어인 각시신고 옥함玉函을 두 손에 받들고

서풍에 치마를 날려 산모루 스쳐 도네

동해 관음이옵더니 재齋 드리러 오노라

다시 고개를 숙여 아래를 내려다보면 거의 밑을 모를 만한 골짜기와 내가 어울린 모습이 우거진 관목 잎에 덮이어 진실로 으리으리하고 신비하게 보입니다. 저 도솔암에서 수렴동의 움커리를 내려다보는데 비하면, 규모는 작은 대신에 깊숙한 맛은 더합니다. 만일 이러한 것을 웅크리어 동학洞壑[061]의 미美라 하면, 도솔암에서 수렴동과 백운대에서 보는 불지동佛地洞은 아마 그 대표가 되리라 합니다. 도솔암에서 수렴동을, 백운대에서 불지동을 안 내려다본 이는 구경을 바로 하였다고 할 수 없습니다.

그러나 백운대 경치의 정수는 북향하여 중향성을 바라봄에 있습니다. 불지동이 끝나는 곳에 수백 척의 절벽을 올라가서 영랑봉의 남쪽 가슴에 주위가 7, 8리는 될 만 한 둥그레한 별천지를 이루었으니, 흰 구름 걸린 암봉이 창칼같이 두르고 다시 둘러 물이 돌아 흐르는 소용돌이가 진을 치고, 그 속에는 무슨 끔찍한 것이나 모신 것 같습니다. 끝이 뾰족뾰족한 봉머리가 몇 백인지 세어 보려 해도 셀 수가 없고 그 봉과 봉 사이의 골짜기가 또한 그와 같이 많습니다. 그리고

---

[061] 산과 내가 어울린 모습

그 골짜기에는 왜송인지 향나무인지 모르나 창창한 수풀이 끼어서 그것이 흰 바위와 대조하여 이 신비경을 더욱 신비하고 아름답게 합니다.

아마 날짐승, 길짐승도 그 안에 들어가 본 적이 없고, 오직 발 가벼운 흰 구름이 하루에 몇 번씩 모였다 흩어졌다 할 뿐인 것 같습니다. 다른 데는 다 볕이 비추었지만, 이 중향성에는 항상 구름이 떠돌아 좀체 그 전체 모습을 드러내지 않습니다. 개벽 이래로 아직 인적이 들어본 적 없는 저 속에 무엇이 있나, 아무 것도 없을 줄은 알면서도 무엇이 있는 것 같아서 동경하는 맘을 금할 수가 없습니다. 아마도 이 중향성은 금강산 중에 가장 신비한 곳일 것이요, 천하의 모든 산악 가운데 가장 신비경의 하나일 것이외다.

중향성 바라보니 백운에 잠겼는데

개벽의 큰 비밀을 물을 길이 없어 할 제

향풍香風이 그리로 나와 옷소매를 떨치더라

불지동 깊은 골에 흘러가는 저 시내야

중향성 만중심처萬重深處에 무엇무엇 보았나뇨

만불萬佛이 말없이 앉아 천화天花만 꺾이들더라

중향성 백운 속에 바위 지혀 암자 맺고

월출봉 달 솟을 제 영산곡靈山曲을 아뢰고자

진실로 그러할진대 천상악天上樂을 부리랴

이는 결코 말만 이런 것이 아니라, 내 진정이 이러합니다. 공명은 무엇이며 부귀는 무엇이냐. 제국帝國은 무엇이며 자유와 평등은 무엇이냐. 이러한 자연 속에 풀뿌리 나뭇잎으로 일생을 즐김이 나의 속 사람의 소원이외다. 그러면서도 이를 못하고 세상의 여러 가지 의리와 욕망에 끌려 만장홍진萬丈紅塵 062 중에서 분투하지 않을 수 없으니, 나의 생활은 모순이요 분열이외다.

백운대에서 쇠사슬 있는 데까지 다시 돌아와, 쇠사슬 달린 반대쪽으로 절벽을 더듬어 내려가면 골짜기 깊이 다 간 곳에 돌무더기가 있고 그 밑에 샘이 있으니, 이것이 금강수외다. 옛 책에 "이 물은 달고 부드럽고 맑고 검기 때문에 하

---

062 속된 먼지로 얼룩진 세상

루 내내 마셔도 질리지 않고, 일시적으로 뜨거울 때도 있긴 하지만 차갑기가 얼음과 눈 같아서 이를 마시는 자는 온갖 질병에 효험을 볼 수 있다"라 하여 매우 신비하게 여기는 물이외다. 마셔 본즉 과연 차고 단맛이 있습니다.

금강수 영험하여 백병百病에 신효神效 타네
임을래 난 병이야 금강순들 하릴소냐
금강수 못 고치는 병이니 안고 갈까 하노라

앞길이 먼지라,
온 길을 다시 더듬어 만회암 밑 갈래 길에 이르다.

선암船庵

우리는 안내자더러 가섭동을 지나 수미암으로 먼저 갔다가 선암을 지나 태상동, 내원통을 보고 다시 만폭동으로 마하연에 귀착하도록 명하였으나, 그 영감쟁이가 꾀를 부려 자기의 여행일정을 줄이느라고 선암을 지나 수미암에 갔다가 가섭동을 내려 마하연으로 돌아오는 길을 잡았습니다. 5리나 넘는 험한 고개를 추어올라 거의 산중턱에나 이른 뒤에야 그 말을 하므로 우리는 심히 분개했지만, 어쩔 수 없이 그대로 따라가게 되었습니다. 지금까지 올라온 고개는 하늘이 안 보이는 삼림 속이요, 가파르고 미끄럽기가 심하여 다섯 걸음에 쉬고 열 걸음에 쉬면서 과연 가섭동 길이 꽤 험하다 하였으나, 기실 이것은 가섭동이 아니요 가섭동 남쪽 다음 골목이라 합니다.

그 영감쟁이 말이, 가섭동은 험하기가 이 골목의 배나 되니 그것을 올라가려면 여간 고생이 아닌즉, 오를 적에 이리로 갔다가 오는 길에 가섭동으로 내려오는 것이 편하지 않겠느냐 하고 도리어 자기의 의사를 변호합니다. 5리나 되는 길을 두 시간이나 허비하여 마루터기에 올라서니, 천 길이나 깊은 듯한 태상동 움커리가 발아래 내다보이고 능허봉의 뭉투룩한 머리, 강선대降仙臺의 창끝 같은 머리가 서북쪽으로 보입니다.

내려가는 길은 올라온 데보다 더욱 가파르고 미끄러워 나뭇가지와 풀줄거리를 두 손으로 더우잡고, 길이 넘는 언덕으로 엉덩이로 미끄러져 내려가기를 4, 5차나 하면서 간신히 내려가니, 원래 분명치 못한 길인 데다가 산 밑에는 더욱 풀과 관목이 우거져 어디가 길인지 향방을 알 수가 없습니다. 이미 내려온 데를 보면 하늘에 닿은 듯하지만 저 움커리 밑을 보면 지옥에 닿은 듯하여, 거기까지 가려면 지금 내려온 이상의 거리나 될 듯합니다. 인도하는 영감쟁이조차 길이 분명치 아니하여 어름어름하고 '여길 텐데' 소리만 중얼거리니 꽤 딱한 형편입니다.

얼마를 주저하다가 마침내 북으로 산허리를 기어 돌기로 하고 풀을 헤치며 수십 걸음을 올라가니 비탈길에 나뭇가지 꺾어 놓은 것이 있습니다. 이것은 사람이 지나간 표적이요, 또 그 나뭇가지가 아직 마르지 않은 것은 바로 수 일 전에 사람이 지나간 표적이 분명하외다. 이것을 보고 기운을 내어 잘 미끄러지는 썩에돌 비탈로 또 수십 걸음을 가니 아주 발붙일 곳이 없는 벼랑에 통나무 두어 개가 놓였는데, 다 썩어서 한 근 무게를 지탱할 수도 없을 것 같습니다. 참말 벌벌 떨리는 다리를 가만가만히 옮겨 놓아 마지막 발을 뗄 때에 디디었던 나무가 부러져 천길 벼랑으로 굴러 내려가는 것을 보고는 진정 등골에 찬 땀이 흘렀습니다. 아아, 위태도 하여라. 인생의 행로여!

그것을 지나 조금 돌아가면 경사가 급한 반석이 있고, 그 반석을 기어오르면 바윗등에 한 암자가 있으니 선암이외다. 집터의 마당이 온통 바위요 마당 끝에는 천연의 단壇이 있습니다. 집 뒤에 깎아 세운 듯이 창천을 뚫고 일어선 석봉이 가섭봉, 서편 약 이십 보쯤에 가섭봉의 어깨로 우뚝 솟은 것이 강선대, 이마에 방금 떨어질 듯이 달린 것이 아미타불 바위, 고개를 돌려 동쪽으로 까맣게 쳐다보이는 것이 영랑봉, 영랑봉이 왼편 팔을 구부려 선암을 안으려 하는듯한 병풍 같은 바위가 지장바위, 서남쪽으로 현기증이 날 만한 깊은 움커리가 태상동, 그것이 남으로 뻗어나가 피어오르는 구름 속에 녹아드는 것이 내원통동內圓通洞.

이 암자는 이러한 사위四圍 중에 해발 3천6백 척(=약 1,080m)가량 되는 높은 자리에 앉았습니다. 우러러보면 푸른 하늘이 손에 닿을 듯하고, 굽어보면 몸이 천 길 땅 밑으로 들어가는 듯하고, 뒤를 보면 가섭봉이 당장 머리를 내려 누를 듯하고, 앞을 바라보면 일광日光과 무성한 구름 속에 녹은 듯한 천봉千峯을 스쳐 무궁한 허공으로 날아갈 듯합니다. 대체 이렇게 위태해 보이는 경치, 이렇게 반공半空에 올라온 듯한 경치, 이렇게 속세를 초탈한 듯한 경치는 처음 봅니다. 평탄한 마당에 서 있어도 어디를 보든지 근육이 자릿자릿합니다.

선암으로 하여금 이렇게 위태하고 기교한 맛을 띠게 하는 원인은 가섭봉에 있는가 합니다. 가섭봉의 생김생김이 동쪽에만 영랑봉에 닿아 있고, 삼면이 온통 깊은 계곡인 데다가 산기슭이라는 것이 없이 넓적한 쐐기를 깎아 세운 듯이 되고, 게다가 선암이 그 젖가슴에 달려 위로 보면 절벽, 아래로 보면 구렁이요, 겸하여 가섭봉, 강선대, 지장암이 너무 가까이 다가와 태상동 방면을 제하고는 주위에 다른 세상이 보이지 않으니, 마치 이 길이 수십 보 넓이 십여 보의 별천지가 다른 세상과는 절연하고 공중에 달린 듯하므로 그처럼 위태하고 기교해 보이는 것인가 합니다.

선암이란 이름이 그 지형에서 온 것이니, 배가 서쪽으로 머리를 두었다 하면, 강선대가 이물, 가섭봉이 우현, 가섭봉과 지장바위를 합한 끝이 동단東端, 지장바위가 좌현의 반부, 나머지 반부는 떨어져서 태상동 허공, 이 모양이외다. 그런데 배 모양으로 된 사람이 붙어 있을 만한 땅의 면적이 여간한 윤선輪船(=화륜선, 기선)만 하다고 보면 큰 차는 없을 것이외다.

선암의 서문을 나서서 석등石磴(=돌 비탈길)을 따라 내려가면, 높이 삼십 척이나 될 만한 둥그레한 큰 바위 밑에 샘이 있으니 장군수將軍水라는 것이외다. 옛날 이곳에 어떤 장사가 있어 제 손으로 이 바위를 들고는 물을 마시고, 마시고는 다시 내려놓아 다른 사람은 먹지 못하게 하였다 합니다. 지금도 그 바위 밑에는 정말 장군수가 있건만, 그 바윗돌을 들 사람이 없어서 못 먹고 거기서 흘러나오는 물만 먹는다 합니다. 그 장군이 어떠한 장군인지는 알 수 없으나, 장군을 바라는 민족적 동경이 낳은 전설이라 생각하면 재미있지 않습니까. 나는 그 이름 모르는 장군을 석장군이라고 부르렵니다.

석장군 가신 뒤에 장군이 없단 말가
천 년에 늙은 바위 드는 이 없사오매
장군수 마실 이 없어 속절없이 흐르더라

선암은 옛날 박빈거사朴彬居士가 수도하던 데라 합니다. 그
는 십 년 수도에 "누구든지 이곳에 삼 년을 있으면 도를 통
하고 십 년을 있으면 자기의 뒤를 따르리라"는 유서를 벽에
써 두고 육신이 승천하였다 합니다. 그날에 오색채운이 강
선대에 내려 양쪽 세 명의 선동仙童이 거사를 호위하여 하늘
로 올라갔다 합니다. 불도를 닦던 몸이 선도仙道에 통한 셈
이니 우습기 그지없습니다. 아마 호랑이 뱃속으로 승천한 것
이 아닌가 합니다.

아마도 허사로다 육신승천하단 말이
강선대 눈보라에 주린 몸을 굴리다가
육신은 호복虎腹에 장葬하고 혼만 간다 하노라

하늘이 높단 말이 여기 와선 못할 말이

구름은 옷깃에 돌고 우뢰 발밑에서 우네

하늘이 지척이어니 오를 만도 하여라

박빈거사 이래로 그의 유서대로 옥경 구경을 해볼까 하고 선암에서 도를 닦던 사람이 부지기수지만, 십 년은커녕 삼 년을 있어 본 사람도 없다 합니다. 그 이유는 이 땅이 지장보살 도량이 되어서 지기地氣가 센데다가, 또 배 형국이 되어서 땅이 울고 흔들리고 겨울에 눈이 많이 오고 바람이 몹시 불어서 견딜 수가 없음이라 합니다. 앙앙 소리를 내어 눈보라가 부는 밤에 산이 울고 땅이 흔들리는 모습은 참말 무서워 견디기 어려우며, 게다가 가끔 주린 호랑이가 긴 울음을 울고 지장보살의 화신이 호령을 할 때에 혼이 달아날 듯하다 합니다. 더욱이 영험한 곳에 있을 자격이 없는 부정한 사람들이면 변괴가 더 심하여 하룻밤 새에 내쫓아 버린다 합니다.

수미암須彌庵

선암에서 수미암 갈 길을 물으니, 가섭봉과 강선대를 연결한 고개를 넘어간다고 합니다. 나는 온 길로 도로 내려가서 어디로 돌아 올라가는 줄만 알았지 설마 저 병풍 같고 온통 석각石角이 솟아오른 데를 기어 넘으리라고는 상상도 못하였습니다. 거기 인적이 있으리라고는 생각지 못하였습니다. 나는 어이가 없어 손으로 그 고개를 가리키면서 "아, 저기를 넘어? 저가 길이 있어요?" 하고 외쳤습니다.

선암에서 병 치료를 하고 있노라는 상투 있는 사람이 "예, 그것이 길이야요. 둔행칠리臀行七里 한다는 데외다" 합니다. 둔행칠리, 내려오려면 엉덩이를 대고 걷는 데가 7리나 된다는 뜻이외다. 과연 암자에서 몇 십 걸음을 못 가서부터 풀뿌리를 더위잡으며 바위 뿌다귀에 손가락을 걸고 매어달릴 데가 옵니다. 무릎을 발삼아 쓰니 슬행膝行이요, 손을 앞발 삼아 쓰니 수행手行이외다. 게다가 일전에 비가 와서 미끄럽기가 한이 없습니다.

약한 풀뿌리를 더위잡아 가며 몸의 단력을 이용하여 뛰어오르니, 우뚝 서기만 하면 미끄러질 데가 있습니다. 손가락을 바위 조금 턱진 데다가 걸고 한 손가락씩 발발 떨며 옮겨 놓아, 그 힘에 몸이 한 치씩 두 치씩 배밀이를 하여 올라가는 데가 있으니 이는 복행服行이요, 지행指行이외다. 가다가 두 손으로 무엇을 꽉 붙들고[063], 이마를 겨우 들어 위를 쳐다보면 앞서가는 사람의 물 묻은 짚신 발바닥이 바로 내 이마 위에 달리고 톱날 같은 산마루가 푸른 하늘에 꼭 들어박힌 듯합니다.

가다가 적이 몸을 의지할 데를 얻어 올라온 데를 돌아보면 오직 푸른 구름에 잠긴 끝없는 구렁을 볼 뿐이외다. 이리하여 약 사십 분 만에 쇠줄 있는 곳에 다다라 전선줄 한 올에 몸을 의탁하고, 손으로는 쇠줄을 더위잡고 발로는 바위

---

063 붙든다는 것이 손길을 펴서 바위에 붙이고 손가락 끝만 꼬부려 몸이 미끄러져 내려가지 않게 함이외다

면을 더위 밟아 마루터기에 올라서니 마치 병풍 같은 바위를 깨뜨려 사람 하나 지나갈 만한 문을 낸 것 같습니다. 여기서 북으로 보이는 계곡의 비경이 수미동이외다.

마루터기에서 향나무를 헤치고 석각을 더위잡아 수십 걸음을 올라가면 울퉁불퉁한 큰 바위가 있으니, 이것이 강선대외다. 바위에 붙어 몇 굽이를 돌아 기어오르면 최고점에 오를 수가 있습니다. 에구 시원해라, 망군대 이래의 시원하게 툭 터진 시계외다. 오직 그 위치가 서편에 치우쳐 망군대 같이 금강의 전경을 위에서 내려다보는 뛰어난 경관은 없다 하더라도, 또한 버리지 못할 경치외다. 태상동의 아름다운 계곡이 선암 앞에서 가섭봉에 막혀 북으로 휘어 강선대를 돌아 수미동이라는 웅대하고 수려한 계곡을 이루었으며 능허, 영랑 두 봉의 이마를 건너다보게 되고, 우리가 지금 가려는 수미암이 영랑의 배꼽 위에 누워 있는 모양이 분명히 보입니다. 수미동은 능허, 영랑, 가섭 세 봉의 사이에 끼어 거의 삼각형을 이룬 동학洞壑이니 마치 루두漏斗(=깔때기)를 세워 놓은 듯합니다.

강선대의 바위도 망군대 바위와 같이 희고 송낙(=소나무)이 돋았으며, 바위 밑에는 향나무 숲이 있고, 그 중에는 자고

향_{自枯香}[064]의 뼈만 남은 가지가 바늘 끝처럼 뻗었습니다. 그 향나무의 나이를 뉘 알며 그가 받은 풍상을 뉘라 헤아리겠습니까. 자연히 나서 자연히 살다가 자연히 죽어 자연히 썩어 가는 그는, 이렇게 자기의 자연에 대한 직분을 다하는 것이외다. 한 가지를 꺾어 코에 대면 맑은 향이 들리고, 불에 태우니 정신이 황홀할 듯한 푸른 향연기가 오릅니다. 만일 속된 냄새에 코가 무디지 않았던들 그 곁에만 오더라도 향기를 맡을 것이외다.

강선대를 내려 관목 숲을 헤치고 내리고 오르기 약 삼십 분에 큰 바위 밑에 나서니 이것이 귀암이요, 그 바위를 싸고 서북으로 돌면 서쪽을 향하고 앉은 퇴락한 너와암자 하나가 있으니, 이것이 금강산에 제일 깊고 높은 수미암이외다. 때는 오후 네 시.

본래는 좋은 삼나무와 전나무 자재로 아주 청초하게 지었고 담도 예쁘게 둘렀건만, 이십 년 내로 폐암이 되어 말이 아니게 퇴락하였습니다. 부엌에는 절구가 그냥 남아 있고, 석이버섯을 따러 다니는 사람들이 자고 났는지 불 피웠던 자

---

064   저절로 말라죽은 향나무

취가 있으며, 서쪽 담 뒤에는 언제 누구 손으로 심었던 것인지 백일홍이 피어 있습니다.

수미암須彌庵 찾아 드니 능허봉凌虛峯에 석양인데
노승은 간 데 없고 비인 암자뿐이로다
담 밑에 백일홍 피니 옛 정인가 하노라

수미암은 신라 말엽의 유명한 원효법사가 창건하여, 그가 오랫동안 수도하던 곳이라 합니다. 한 전설이 있습니다. 원효법사가 본 즉, 겨울밤이면 부엌에 놓인 화롯불을 헤쳐 놓은 흔적이 있더랍니다. 법사는 웬 일인고 하여 하룻밤을 지켰더니, 밤이 되어 어떤 벌거벗고 전신에 털 난 사람이 가만히 부엌문을 열고 들어가 불을 쪼이더랍니다. 그래 붙들고 물어본 즉, 자기는 영랑이라는 신선인데 뒷산에 산 지가 몇 해인 지를 모르노라 하더랍니다. 이에 법사는 그를 선실로 끌어들여 법法을 알리고 선에 들게 하였더니, 9일 만에 도를 깨우쳤다 합니다. 수미암 뒷봉을 영랑봉이라 하는 뜻이 여기서 나왔다 합니다.

암자의 북문을 나서서 층암을 기어오르기 십 수 분 만에 한 말등 같은 암봉머리에 오릅니다. 능허, 영랑 양 봉우리가 연이은 곳으로, 넘어 쏘는 찬바람에 바위틈에 난 향나무는 키가 수척을 넘지 못하여 말라버렸습니다 조그마한 봉우리지만 매우 산악의 맛이 풍부합니다. 여기서 보면 능허, 영랑 양 봉 사이에 깊은 동학洞壑[065]이 생겼는데, 이것은 아마 금강산의 모든 동학 중에 가장 깊고 그윽한 것이 수미동이외다.

그 동학의 맨 밑에 높다란 석탑이 있으니, 이것이 수미탑이외다. 높이는 145척(=약 44m)이나 될까, 훅 불면 넘어질 듯한 가느다란 몸이 천만고의 풍상을 겪고도 올연兀然[066]히 서 있습니다. 여기저기 바람의 이빨이 넣어 뗀 자리가 보이는 것이 더욱 예스럽고 기이합니다. 이 탑은 사람이 세운 것이 아니요 천연으로 생긴 것이니, 이 동학이 패어 나갈 때에 가장 굳은 부분이 남아 이 천연 석탑을 이룬 것이외다. 어쩌면 그렇게 묘하게 탑 모양을 이루었을까, 참말로 신기합니다. 아마 사람이 탑을 쌓을 생각을 한 것이 이런 것을 본 뒤인가 합니다.

---

065 산과 내가 잘 어울린 깊고 큰 골짜기
066 외롭고 곧게 선 모양

이 봉에 오르는 것은 이 수미탑을 내려다보기 위함이라 하지만, 이 탑 외에도 볼 것이 많이 있습니다. 탑에서 동남으로 십 수 걸음이나 될 만한 곳에 경주의 분황사탑을 연상하게 하는 작은 탑 하나가 있습니다. 키는 물론 수미탑의 3분의 1이나 될락말락하지만, 몸집은 그보다 굵고 머리는 뭉투룩하여 관목이 뭉쳐났습니다. 마치 퇴락하여 허리 부러진 탑과 같습니다. 아마 옛날에는 수미탑과 같던 것이 중간에, 몇 만 년 전이나 몇 십만 년 전에, 중동이 부러지고 밑둥만 남은 듯합니다.

아마도 이 탑의 완전한 모양은 사람의 눈에는 보여진 일이 없었던 모양이외다. 수미탑도 앞으로 몇 해 만에 중동이 꺾어질지 모르니 가엾습니다. 지금은 그 탑 끝에 뾰족한 것까지 그대로 있건만. 그래 나는 이 뭉투룩한 탑을 수미탑과 비교하여 사미탑沙彌塔이라고 이름을 지었습니다. 사미란 범어梵語로 승려라는 뜻이라든가, 뜻은 어찌 되었든지 사미탑이라고 부르고 싶어서 그리 지었습니다.

수미탑, 사미탑을 서쪽으로 향한 골 입구의 쌍탑이라 하고, 그 골 입구를 들어와 지금 우리가 서서 보는 산과 평행으로 된 산의 남쪽에 흰 바위로 된 네모난 탑 같은 것이 있으니, 이것을 수미성이라고 부릅시다. 이 성은 거의 네모반 듯한 형태로 되어 그 북면은 산마루터기가 일면은 동, 일면은 서에 있고, 남은 계곡에 임하였는데, 성 사방이 이백 보가량은 될 것 같으니 여간한 절터는 될 것입니다.

그리고 그 성내에는 바로 북성 밑에 내전內殿이라 할 만한 것이 있고, 중앙의 남향으로 정전正殿이라 할 만한 것이 있고, 정전의 좌우와 앞에 정전과 거의 직각을 이루어 여러 채의 전각이 있습니다. 물론 집이 있다는 것이 아니라, 바위들의 놓여 있는 위치가 마치 그러한 궁전의 터와 같이 보인단 말입니다.

그리고 정전 앞에 이십 척 높이나 될 만한 석탑들이 동서에 마주 서고, 정문 밖이라고 할 만한 곳에 그보다 조금 높은 석탑 하나가 있습니다. 그래서 정전 앞에 마주 선 석탑을 등명탑燈明塔이라 하고, 정문 밖에 있는 것을 종대鐘臺라고 부릅시다. 이렇게 하면 여러 가지 상상이 나옵니다. 혹은 이것을 어떤 옛 왕궁의 빈 터라고 보고, 사찰 혹은 도관道觀의 옛터라고 볼 수 있습니다. 그러나 나는 이 궁전을 총칭하여 수미궁이라고 부르고 싶습니다.

개벽 기원 몇 년에 수미라는 아름다운 여왕이 만조백관

을 거느리고 많은 궁녀의 호위 속에 이곳에서 갖은 풍악을 치고 놀았다고 상상합니다. 혹 여러분이 원하시면 옥황의 따님께서 부황父皇께 청하여 수미궁을 짓고 내려와 계셨다고 보아도 좋습니다. 이렇게 상상할 때에 내 눈앞에는 신선 같은 사람이 보이고 선악仙樂이 들리는 것 같습니다. 등명탑 위에서는 자고향의 향기로운 불길과 연기가 오릅니다. 종대 위에서는 은은한 종소리가 납니다. 나는 이곳을 일컬어서 자연의 옛 흔적이라고 하였습니다.

능허봉과 영랑봉을 연결한 산등에 서너 군데 나무도 없고 풀도 없는 곳이 있습니다. 그 모양이 대개 네모난 형태여서 얼른 보면 밭 같습니다. 그러나 여기는 사람의 눈길이 닿을 수는 있으나 사람이 이를 수는 없는 곳이라 밭이 있을 리가 없습니다. 안내하는 노인에게 물은즉, 이것은 '선자仙子의 콩밭'이랍니다. 그의 말이 '옛날 신선이 콩 심어 먹던 덴데 지금도 풀이 안 난다' 합니다. 신선의 약밭이라고도 안하고 콩밭이라는 것이 재미있습니다.

거기서 고개를 돌려 하늘에 닿은 영랑봉을 우러러보고 다시 고개를 동남으로 돌리면 커다란 석불이 푸른 하늘 속에 우뚝히 나서는 것이 보입니다. 이것이 관음암이니 수미암이 관음보살도량이라는 것은 이 때문이랍니다. 사오천 척 높이나 될 연화대 위에 그만한 높이나 될 좌불상이 있는 것이 관음보살이외다.

그 어깨하며 결가부좌하고 앉은 둔부하며 어쩔 수 없는 인공 불상이외다. 남향하여 앉았으므로 얼굴은 안 보이나 그 뒷모양이 참 실물과 흡사합니다. 게다가 편암片巖⁰⁶⁷으로 쌓아 만든 연화대가 또 있습니다. 마침 초승달이 그 어깨에 바로 걸리고 스러지는 햇살이 그의 오른편 뺨을 가로 비추어 선과 광선이 매우 아름답습니다.

수미동, 능허봉, 영랑봉, 수미궁, 수미탑, 사미탑, 관음암, 수미암 다 좋습니다만 좋다고 오래 볼 수 없어 수미암의 영험한 물에 목을 축이고, 바위의 뒷고개를 배를 대고 기어올라 향나무 가지를 더위잡고 큰 바위 위에 기어오르니, 이것이 수미봉이외다. 강선대만한 조망이 있습니다. 거기서 내려와 늙고 오래된 잣나무 사이로 십 수 분을 내려오니 좌우에 천 길 낭떠러지의 찌부러진 골짜기가 가섭동이외다. 허리띠만 푸른 하늘이 구불구불 흘러내린 밑에는 소리도 잘 안

---

067 얇은 층으로 잘 쪼개지는 변성암

들리는 돌계곡이 두 걸음에 한 길, 세 걸음에 두 길씩 뛰어 내립니다.

중향성 서쪽 흰 석벽이 하늘에 닿았는데, 그 중간쯤에 굴 셋이 거의 일렬로 매어달려 보입니다. 이것이 가섭굴이라 합니다. 천축국에서 가섭존자가 수도하던 굴과 모양이 같다 하여 가섭굴이라고 한다 합니다. 거기서부터 동곡洞谷은 더욱 깊어집니다. 좌우에 선 절벽은 정말 천 길은 될 것이요, 골짜기의 넓이는 밑과 위가 거의 같은데 이, 삼십 척 가량이나 될까. 우리는 그 골짜기의 맨 밑바닥 물이 흘러내려가는 길로 내려갑니다. 얼마를 가다가 서서 뒤를 돌아보면 푸른 하늘과 흰 구름과 옥으로 깎은 듯한 봉머리들이 좁은 절벽과 절벽의 틈으로 내려다봅니다.

이 모양으로 내가 위치를 바꿀수록 돌아서서 보이는 하늘과 흰 구름과 봉머리의 모양이 변합니다. 아마도 딴 하늘, 딴 구름, 딴 봉머리이기 쉽습니다. 이런 길로 5, 6정을 내려가노라면 옛날 암자터라는 크고 넓적한 바위가 있습니다. 한편을 산에 붙이고 삼면은 지심地心에 통한 듯한 계곡인데, 불규칙한 방형方形이요 면적은 오륙 칸 통이나 될 듯합니다. 만일 장마에 계곡물이 내려 찧을 때에 이 암자 위에 앉았으면

썩 좋을 것 같습니다.

　더구나 달은 어디어디 있는지 모르면서 그 빛 한 줄기가 맞은편 절벽에 비추었을 밤중이나 새벽에 홀로 난간에 의지하여 앉으면 도심道心이 움직일 듯합니다. 몇 번 위태한 곳을 지나 다시 사오 정을 내려오면 호랑이 덫이 있습니다. 통나무로 돼지우리처럼 집을 지었는데, 바닥을 깊이 파고 그 위를 무엇으로 엷게 덮고 거기다가 개나 돼지를 놓아둔다 합니다. 마하연에 돌아오니 일모日暮외다.

비로봉 毘盧峯

수미암에서 돌아오니 마하연에서 반야경을 공부하던 승려 20여 명이 그날 비로봉에 다녀왔다기로 좋은 동행을 잃은 것을 한탄하였으나, 자고 나면 우리 부부끼리 만이라도 비로봉으로 가리란 작정을 하였습니다.

새벽 재 올리는 염불 소리에 잠을 깨어 조반을 마치고 표훈사에서 특별히 주문해 온 지로자 指路者(=안내인)에게 점심을 지우고 마하연을 떠난 것이 오전 7시. 날씨는 청명한 편이나 스님들은 음력 칠월 일기의 믿지 못할 것과, 더욱이 금강산의 청우 晴雨[068]는 골짜기를 따라 다른 것과, 어제도 평지에는

---

068 날씨가 맑고 비가 오는 것

청명하였으나 비로봉 위에는 운무가 끼어 아무것도 보지 못한 것을 말하고 우리 일행의 앞길을 비관합니다.

나는, "내가 올라가면 반드시 구름과 안개가 사라져 비로봉의 승경勝景을 보고야 말리라"하는 말로 스님들을 웃기고 떠났습니다. 밤과 새벽은 깊은 가을처럼 찼으나 햇발이 점점 오르면서 땀이 흐르려 합니다. 동쪽을 향하여 두어 굽이 시내를 건너면 묘길상妙吉祥 대석불이니, 거대한 천연 바위의 남으로 향한 반면半面을 깎아 내고 부조浮彫로 대불을 새겼는데, 어른이 그 밑에 가서 팔을 활짝 들어야 결가부좌한 그 무릎이 만져질 만하고 발바닥 길이가 열두 뼘이나 되니, 이 부처에게 신겨줄 버선이 있다 하면 그 속에 두 사람은 들어가 누울 것이외다. 과연 어마어마하게도 큽니다.

이것은 저 삼불암에 삼불을 새긴 나옹懶翁 대화상이 만든 것이라 하니 오백 년 풍상을 겪은 것이외다. 그 착상이나 수법에 별로 신기한 점은 없는 듯하나 그 구도의 웅대함이 또한 당시 선인先人의 기백을 보이는 듯합니다.

나는 여기서 종교미술이 나오는 경로, 또는 모든 예술가가 잡을 태도를 봅니다. 금강산 안으로 말하여도 그 모든 건축과 조각과 회화가 거의 다 승려의 손으로 되었고, 그뿐 아니라 금강산을 찾아 거기 길을 닦고 봉우리와 골짝의 이름을 지은 것이 다 승려의 손으로 되었습니다. 그들은 불화를 그리기 위하여 일생에 화필을 들고 불상을 새기기 위하여 일생에 끌을 잡습니다. 그들은 명산대찰로 돌아다니면서 혼자 생각하고 배우고 익혀 어디서 좋은 바윗돌이나 만나거든 거기 불상을 새길 생각을 냅니다.

그는 그날부터 백일 원력이나 천일 원력을 세워 그곳에 암자를 맺고, 제가 동냥해온 쌀로 제 손으로 밥을 지어 먹고 제 손으로 옷을 지어 입고, 그리고는 날마다 조금씩 조금씩 새깁니다. 그의 맘에는 세상의 아무 욕망도 없고 초려焦慮[069]도 없이 오직 정 소리를 따라 석면石面에 귀가 생기고 눈이 생기고 마침내 머리가 생기고 하는 것을 보고 즐기며, 즐거울 때에 소매로 이마에 땀을 씻으면서 나무아미타불을 부릅니다.

이렇게 백일이나 천일 만에 그 공을 이루면 넘치는 법열法悅을 못 이겨 자기가 새겨놓은 불상 앞에서 합장하고 꿇어 엎드립니다. 그리고 그는 세상을 버리고, 그의 법열에서 나

---

069   애를 태우는 근심

온 불상이 세상에 전하여 모든 만민에게 부처를 생각할 기회를 주는 것이외다. 진실로 이것은 그의 전 재산이요, 명예요, 생명이외다. 나도 일생의 사업을 할 때에 이러한 태도로 하고 싶습니다. 나는 이윽히 묘길상의 위대한 불상을 치어다 보고, 노승이 석양을 측면으로 받으면서 그것을 새길 때의 심리를 상상하였습니다.

거기서 수 정町을 가면 사선교四仙橋 좀 못 미쳐서 갈림길이 있으니, 오른쪽은 안무재를 통하여 유점사로 가는 길이요, 왼쪽은 우리가 목적하는 비로봉으로 가는 길이외다. 비로봉 길에 들어서면 겨우 발자취가 보일만한 좁은 길이니, 좁은 길은 좁은 길이로되 천수백 년 옛길이요, 이름난 승려와 지식인이 한 번씩은 다니던 길이외다.

계곡물을 끼고 5리나 올라가노라면 거기서부터는 길이라 할 만한 길이 없고, 마주 붙은 협곡, 물에 닳아져 둥그렇게 돌로 된 시내 바닥으로 이 돌에서 저 돌로 성큼성큼 건너 뛰어가게 되었는데, 가다가다 바윗등에 돌무더기가 유일한 길이외다. 성큼성큼 가다가는 두리번두리번 돌무더기를 찾고 이렇게 양장¥腸 같은 골짜기를 추어 오릅니다.

이 돌무더기는 금강산 길 도처에 있는 것이니, 이 역시 누군지 모르는 먼저 간 사람이 누군지 모르는 후에 오는 사람을 위하여 '이리 가면 갈 수 있다' 하는 지로표指路票(=이정표)로 쌓은 것이외다. 대개는 갈림길이나 구부러지는 곳에 가장 눈에 띨 만한 큰 바위에 하는 것인데, 혹은 긴 돌을 세우기도 하고 혹은 작은 돌을 놓기도 하는데, 그 지점의 중요한 정도를 따라 주먹만한 돌을 하나만 놓은 곳도 있고, 둘이나 셋 놓은 곳도 있고, 어떤 데는 수십 개 내지 수백 개의 돌을 쌓은 것도 있습니다. 이런 것은 거기를 지나갈 때에 그 돌무더기의 고마움을 깨달은 사람들이 하나씩 집어 보탠 것인 듯합니다.

그 중에 어떤 것은 올라가기 어려운 큰 바위 위에 한 짐 잔뜩 될 만한 큰 돌을 세워 놓기도 하였습니다. 그것은 아마 어떤 힘세고 산길 많이 다녀본 스님이 꽤 품과 힘을 들여서 한 것일 듯합니다. 그것을 쳐다보면 그 사람의 모양이 보이는 듯 하고, 인생의 아름다운 성질의 일면이 생각나 눈물이 흐를 듯합니다. 이것은 저 큰 도시의 수만 원 금전을 들여서 세운 대리석비보다도 귀한 것이외다. 이 돌을 세운 사람이 그것을 세울 때 마음은 이름을 천추만세에 전한다는 영웅의 마음보다도 존귀한 것이외다. 동포여, 저 돌무더기를 보시오. 그리고 그 돌을 세우던 손과 사람을 상상해보시오. 얼마나 사랑스러운가, 아름다운가. 이 지상에 왕국을 세울 것은 오직 이러한 마음이외다.

참말 이러한 무인지경에서 유일한 사람의 자취인 돌무더기를 대할 때에는 참된 하느님 아들의 인정의 불길에 내 몸이 타는 듯합니다. 더욱이 어떤 돌무더기는 몇 백 년, 아마천 몇 백 년 전 것인지 이끼가 쌓이고 쌓여 그 하나가 비감하고 슬픈 감정을 일으킵니다. 인생길도 이와 같아서 이름 높은 영웅이 세운 제국보다도 이름 없는 사람의 돌무더기를 따라 억조창생이 길을 찾아가는 것이외다.

인생의 험한 길에 뉘 쌓은고 돌무더기
행인의 뿌린 눈물 이끼 되어 싸단 말가
인자人子의 알뜰한 정을 못내 그려 하노라

비로봉 가는 길을 누구누구 지내던고
이끼 싼 돌무더기 그네 끼친 자취로다
우리도 그 길을 따라 가옵고저 하노라

이런 길로 5리나 올라가면 갈림길이 생깁니다. 갈림길이란 물론 두 골짜기로 갈라진단 말이외다. 하나는 북으로 뚫렸으니 이것이 비로봉으로 가는 길이요, 하나는 서쪽으로 뚫렸으니 이것은 중향성 뒷골목으로 들어가는 길이외다. 이 골목이 보기에 심히 그윽하고 깊어, 그 좁은 골목 어귀로 멀리 서쪽에 아아峨峨[070]한 흰 봉머리들이 보입니다. 이야기에 흔히 있는 것과 같이 별천지가 열린 것 같습니다. 그러나 동천洞天이 구름과 안개에 잠겨 자세한 참모습을 엿볼 수가 없으니, 그것이 도리어 다행일는지 모릅니다.

여기서부터 계곡의 경사가 점점 급하게 되고 구름에 떨어진 조각이 가끔 머리 위로 날아 지나갑니다. 여기서 봉 꼭대기가 아직도 10리는 넘는다는데 시내에 물은 끊어지고 운무는 점점 깊어 갑니다. 우리는 끝없는 층층대를 오르는 모양으로 시내 바닥의 돌을 건너뛰고 기어올라 거의 발이 흙을 밟을 기회가 없이 올라갑니다. 이렇게 약 한 시간에 한곳에 다다르니 시내가 이미 끝이 나고 깎아 세운 벽인데, 다만 지척에 산 무너진 바위무더기와 껍질 벗겨진 산의 일부분이 짙

---

070 산이 높고 구름이 걸려 흰 산봉우리가 우뚝 솟은 모양

은 안개 속에 희미하게 보일 뿐이요, 어디가 어딘지 방향을 분간할 수가 없습니다.

이따금 바람결에 짙은 안개 한 조각이 떨어져 산의 높고 험한 일부분이 번쩍 보이나, 마치 캄캄한 밤 번개 빛에 무엇을 보는 듯하여 눈이 현혹될 뿐인데 안내하는 노인은 길을 잃고 두리번거립니다. 우리는 한 걸음 한 걸음 껍질 벗겨진 언덕으로 기어올랐으나 하도 미끄럽고 발붙일 곳이 없으며, 게다가 언제 바윗돌이 굴러내려 내 몸을 바술는지, 아직 이끼 앉지 않은 돌들이 내려오던 길에 무엇에 걸렸는지 중턱에 앉은 것을 보면 내 발자국의 울림에도 금시에 달려 내려와 선경의 침입자를 가루로 만들려고 벼르는 것 같습니다.

땅의 생긴 법法이 눈앞에 굴러오는 돌을 뻔히 보고도 우뚝히 선대로 받을 수밖에 없게 되었습니다. 한 발만 까딱 잘못 놓으면 배밀이 코밀이로 걷잡을 새 없이 저 밑에까지 굴러 내리게 되었습니다. 아나나 다를까, 4, 50 걸음이나 기어 올라간 데서 주먹만한 돌이 총알같이 굴러 내려오는 것을 보고 처는 "에그머니, 이를 어찌해" 하고 소리를 지를 뿐이요, 피할 수는 없어 우뚝 선 대로 손을 내밀어 오른손 새끼손가락 하나를 희생으로 삐게 하고 생명은 도로 찾은 일이 있습니다.

이 모양으로 짙은 안개를 뚫고 절벽을 추어 오르니 어떤 두 봉우리가 합하여 그것을 연결한 암벽이 있는데, 비만 오면 그리로 폭포가 떨어질 모양이요 그 4, 5장이나 되는 암벽 위는 두 봉우리 사이의 골 입구가 되었는데, 거기를 들어가면 또한 일천지─天地가 있을 듯하나 안개에 막혀 지척을 분별할 수 없고, 이따금 바람이 부딪쳐 반향하는 소리가 귀곡성같이 처량하게 울려올 뿐이외다. 참말 지옥인지 천당인지 모를 이 무서운 광경 중에 제 몸을 두고 보니, 경이와 공포를 합한 형언할 수 없는 감정이 그윽히 가슴속에 일어납니다.

"여보, 어느 게 길이오?" 하고 나는 화를 내어 안내자를 재촉하였으나 그는 "여길 텐데"하고 점심 보퉁이를 지고 어물거릴 뿐인데, 운무는 더욱 깊어 져서 4, 5걸음 밖이 잘 보이지 아니 합니다. 저 4, 5장 되는 석벽을 기어오를 것인가. 그렇다면 그 근방에 돌무더기의 지로표가 있을 것이거늘 아무 데를 보아도 인적이라고는 찾을 길이 없습니다. 가도 오도 못하고 우리는 갑자기 굴러 오는 돌멩이를 피하노라고 큰 바위 밑에 소도록히(=소복하게) 쭈그리고 앉았습니다.

이윽고 길 찾으러 갔던 안내자가 "여보오, 여기 길이 있소오" 하고 외칩니다. 소리 오는 방향은 동쪽인 줄 짐작하겠으나 그 사람의 모양은 보일 리가 없습니다. 우리는 "어디요오?" 하고 외쳤습니다. 그 대답이 "여기요오. 이리로 오시오오" 합니다. 우리는 여러 번 속은데 열이 나서 "그것은 정말 길이요오?"하였습니다. 그는 "정말 길이야요. 돌무데기가 있어요오" 합니다.

돌무더기가 있다 하니 의심할 것도 없습니다. 그런데 소리 오는 방향으로 갈 일이 걱정이외다. 우리는 "어디요오?"를 계속해 부르면서 가까스로 수십 걸음을 옮겨 놓으니, 멀리 바위 위에 혼령 같은 안내자의 모양이 거인과 같이 보입니다. 기실은 멀리 있는 것이 아니요 바로 5, 6보 밖에 서 있는 것이외다. 수만 개의 집채 같은 바위가 산정山頂에서 굴러 그것이 채국채국[071] 쌓인 듯한 것인데, 이것이 유명한 '금金사다리'외다.

산 일면에는 덩굴향 등 고산식물이 깔리고 거기 폭이 열 걸음은 될 만한 바위로 된 길이 은하 모양으로 쏜살같이 산정으로 올라갔습니다. 그 사다리를 만든 바위들은 모두 불 속에서 꺼낸 듯한 자색赭色(=붉은 색)인데다가, 황금색 이끼가

---

071   차곡차곡

덮여서 과연 금사다리란 말이 헛소리가 아니외다. 서서 아래를 굽어보면 사다리는 깊이깊이 안개 속으로 흘렀고, 우러러보면 높이높이 하늘 위로 올랐습니다.

아마 어느 봉우리 하나가 무너져 그것이 일자로 내려 흘러 이 사다리를 이룬 것인 듯합니다. 그렇더라도 어쩌면 이렇게 신통하게 일자로 늘여놓은 듯이 되어 사람들이 올라가는 길이 되게 합니까. 구약성경에 야곱이 꿈에 본 하늘에 오르는 사다리가 종교화에 그려져 있지만 그것은 너무 인공적이라, 하늘의 사다리는 반드시 이 모양으로 되었을 것이외다.

웃노라 옛 사람을 바벨탑이 부질없네
만층萬層의 금사다리 예 있는 줄 모르던가
알고도 찾는 이 적으니 그만 한이 없소라

태초라 금강산에 금봉金峯 은봉銀峯 있것더라
금봉 헐어 금사다리 은봉 헐어 은사다리
하늘에 오르는 길을 이리하야 이루니라

하늘에 오르는 길이 어찌어찌 되었더냐

금사다리 만 층 올라 은사다리 만 층 올라

백운을 뚫고 소스라쳐 올라 동북으로 가옵더라

우리는 사다리를 올라갑니다. 다리를 힘껏 벌려야 겨우 올려 디딜 만한 데도 있고, 두 손으로 바위 뿌다귀를 꼭 받들고 몸을 솟구쳐 오를 만한 곳도 있고, 혹은 큰 바위 두 틈 바구니로 손, 어깨, 무르팍, 옆구리를 온통 발 삼아서 벌레 모양으로 꿈틀꿈틀 올라갈 데도 있고, 혹 아름이 넘는 바위를 안고 살살 붙어 돌아갈 데도 있고, 혹 넓적한 바위가 덜컹덜컹해서 소름이 쪽쪽 끼치는 데도 있고, 혹 꽤 넓은 바위틈의 허공을 어차 하고 건너뛸 데도 있지만, 결코 위험한 길은 아니외다.

다만 대부분이 네 발로 기어오를 데요 두 발로 걸을 데는 없습니다. 그래서 한 층을 기어올라서는 우뚝 서고, 한 걸음이나 두 걸음 가서 또 한 층을 기어올라서는 우뚝 서고, 이 모양이므로 도리어 피곤한 줄은 모르겠습니다. 그러나 네 발로 갈 곳이 많으므로 얼마를 안 가서 지팡이는 길가에 던졌습니다. 산길이나 인생길이나 높은 데를 오르려면 몸에 가진 모든 것을 내어 버리는 것이 가장 필요한 일인 듯합니다.

한 층대 또 한 층대 금사다리 오를 적에

앞길은 구름에서 나오고 온 길은 안개 속으로 드네

길이야 끝이 없어라마는 올라갈까 하노라

하늘이 높삽거든 가는 길이 평平하리까

가는 길 험하오매 몸 가볍게 하올 것이

두 벌 옷 무거운 전대를 버리소서 하노라

이렇게 삼십 분 가량이나 올라가면 끝이 없는 듯하던 금사다리는 이에 끝나고, 거기서 동으로 덩굴향 헤치고 십 수 걸음을 가면 흰 구름이 덮인 듯한 은사다리가 시작됩니다. 생긴 모양은 금사다리와 다름이 없으나, 다만 돌이 전부 은색의 이끼에 덮여서 올려다보니 과연 은하와 같습니다. 더욱이 좌우에는 고산지대의 새파란 상록수가 모두 덩굴이 되어 잔디 모양으로 산허리를 덮은 데다가, 한 줄기 은색 사다리가 구름에 닿았으니 그 신비하고 장엄한 맛이 비길 데가 없습니다.

금사다리에는 아직도 속된 세상의 탁한 기운이 있지만, 은사다리에 이르러서는 한 점의 티끌도 없고 그 맑고 수려함이 진실로 옥경玉京에 가까운 듯합니다. 사람도 이와 같아서 금사다리를 오르는 동안 오장육부에 사무친 세속의 속된 생각을 다 떨어 안개에 부쳐 날리고, 은사다리에 이르러 맑고 시원한 선仙의 기운이 뼛속에 사무침을 깨닫습니다. 천상선관들도 은사다리 끝 층계까지 밖에는 안 내려오는 듯합니다.

예서부터 더욱 운무가 심하여 참말 지척을 분간할 수가 없습니다. 다만 발뿌리만 보면서 삼십 분이나 올라가면 끝 없는 듯한 사다리도 끝나고, 깎아지른 듯 높고 험한 바위로 된 봉우리 꼭대기에 올라섭니다. 영랑봉과 비로봉을 연결한 맥脈인데 영랑봉을 말 궁둥이, 비로봉을 말 머리라 하면, 여기는 말안장을 놓은 데라 하겠습니다. 날씨가 맑으면 앞뒤로 시계視界가 넓겠지만 짙은 안개 중에 보이는 것은 오직 사방 십 수 걸음 내외이외다.

등성이에 올라서니 어떻게 남풍이 몹시 부는지 산 밑에서 올려 쏘는 바람에 몸이 날아갈 듯합니다. 이따금 그 중에도 굳센 바람결에 고개 꼭대기의 운무 일부분이 찢어져 병풍 같은 석벽이 발아래 번쩍 보일 때에는 몸에 소름이 끼쳐, 어쩌다가 우리가 이런 곳에 왔나 하는 한탄이 날 만합니다. 그러나 6천 척(=약 1,800m)이나 되는 정상에서 바람에 옷자락을 날리며 운무 중에 서 있는 장쾌한 맛은 오직 지내본 이라야 알 것이외다.

우리는 말의 등심뼈라 할 만한 바위로 된 마루터기 길로 광대가 줄 타는 모양으로 두 팔을 벌려 몸의 중심을 잡으면서 십 수 걸음을 가다가, "지금 봉머리에 올라가더라도 운무 중에 아무것도 안 뵐 터이라" 하는 안내자의 말에 큰 바위 밑 바람 없는 곳을 택하여 다리를 쉬기로 하였습니다.

벌써 11시 반, 마하연서 여기 오는 길 삼십 리에 네 시간 이상이 걸린 셈이니, 길만 이렇지 아니하면 세 시간이면 올 듯합니다. 점심을 먹자 하니 추워서 몸이 떨리므로 얼른 탐험자의 고지故智(=전해오는 지혜)를 배워, 이슬에 젖은 자고향 가지를 주워다가 도시락 쌌던 신문지를 불깃으로 간신히 불을 피워놓고, 모두 둘러앉아서 수통의 물과 벤또(=도시락)를 데우며 한편 몸을 녹였습니다. 검붉은 불길이 활활 붙어 오를 때 이는 무슨 번제燔祭[072]의 성화聖火 같은 생각이 납니다.

우리는 제사장이요 비로봉의 꼭대기에 올라 운무의 장막 속에 자고향을 피우고 천하만민의 죄를 용서해주기를 비는 거룩한 천제를 드리는 것이 아닌가 하였습니다. 나는 극히

---

072 짐승을 통째로 태워 제물로 바치는 제사

엄숙한 마음으로 불길을 따라 하늘을 우러러보며 백성을 생각하였습니다. 아아, 원하옵나니 나로 하여금 이 몸을 저 불속에 던져 만민의 고통을 더는 제물이 되게 하여 주옵소서.

거룩한 산

신비한 운무의 장막 속에

검붉은 불길이 오른다

내가

두 팔을 들고

하늘을 우러러 창생을 염송念誦할 때에

바람이 외치며 불어와

흰옷자락을 날린다

아아 천지의 주재主宰여!

이 산과 운무와 바람을 내신 이여!

내 기도를 들으소서!

내 몸을 번제물로 받으소서!

깨끗한

당신의 세계가

왜 죄악으로 더러웠습니까?

숭엄코 평화로운

당신의 전殿에

어찌하여 죽음의 부르짖음과

피눈물이 찼습니까?

어찌하여, 아아 어찌하여

약속하신 가나안 복지와 미새야

안 주십니까?

봅시오!

저 검붉은 불길을 봅시오!

거기서 당신의 보좌를 향하고 오르는

뜨거운 연기를 봅시오!

그것이,

버리신 당신의 백성의

가슴에서 오르는 것이외다, 가슴에서!

우러른 내 얼굴에

대답을 주소서

치어 든 내 손에

구원의 금인金印을 내리소서.

아아 천지의 주재자시여!

우리는 점심을 먹고 이럭저럭 한 시간이나 넘게 기다렸으나 운무가 걷히지를 아니합니다. 나는 새로 두 시가 되면 운무가 걷히리라고 단언하고, 그러나 운무중의 비로봉도 또한 일경─景이라 하여 다시 올라가기 시작했습니다. 동으로 산꼭대기를 밟아 줄 타는 광대모양으로 수십 걸음을 올라가면 산이 뚝 끊어져 발아래 천길 절벽이 있고, 거기서 북으로 꺾여 성루城壘 같은 길로 몸을 서편으로 기울이고 다시 수십 보를 가면 뭉투룩한 봉머리에 이르니, 이것이 금강 1만2천봉의 최고봉인 비로봉 꼭대기외다.

역시 운무가 사방에 둘러싸여 있어 봉머리의 바위들밖에 아무것도 보이지 않습니다. 그 바위들 중 중앙에 있는 큰 바위는 배바위라는데, 배바위라 함은 그 모양이 배와 같다는 말이 아니라 동해에 다니는 배들이 그 바위를 표준으로 방향을 찾는다는 뜻이라고 안내자가 설명을 합니다. 이 바위 때문에 해마다 1천 명의 생명이 살아난다고, 그러므로 뱃사람들은 멀리서 이 바위를 향하고 제를 지낸다고.

이 안내자의 말이 참이라 하면 과연 이 바위는 거룩한 바위외다. 바위는 아주 평범하게 생겼습니다. 이 기교한 산꼭대기에 어떻게 이런 평범한 바위가 있나 하리만큼 평범하고 둥그레한 바위외다. 평범 말이 났으니 말이지, 비로봉 머리 자체가 극히 평범합니다. 밑에서 생각하기에는 비로봉이라 하면 설백색의 창 칼 같은 바위가 하늘을 찌르고 섰을 것 같이 생각하는데, 올라와 본즉 아주 평평하고 흙 있고 풀 있는 하나의 평지에 불과합니다. 그리고 거기 놓인 바위도 그 모양으로 아무 기교함 없이 평범한 바위외다.

그러나 평범한 이 봉우리야말로 1만2천 중에 최고봉이요, 평범한 이 바위야말로 해마다 수천의 생명을 살리는 위대한 덕을 가진 바위외다. 위대는 평범이외다. 나는 여기에서 평범의 덕을 배웁니다. 평범한 저 바위가 평범한 봉머리에 앉아 개벽 이래 몇 천 년 간 말없이 있건만, 만인이 우러러보고 생명의 구주로 아는 것을 생각하면, 절세의 위인을 대하는 듯합니다. 더구나 그 이름이 문인시객이 지은 공상적 유희적 이름이 아니요, 순박한 뱃사람들이 정성으로 지은 '배바위'인 것이 더욱 좋습니다. 아마 이 바위는 문인시객의 흥미를 끌 만하지 못하리라마는, 여러 십 리 밖 만경창파로 떠다니는 뱃사람들 진로의 표적이 됩니다.

배바위야 네 덕이 크다

만장봉두萬丈峯頭에 말없이 앉아 있어

창해에 가는 배의 표적이 된다 하니

아마도 성인의 공功이 이러한가 하노라

1만2천봉이 기츑로써 다툴 적에

비로야 네가 홀로 범凡으로 높단 말가

배바위 이고 앉았으니 더욱 기뻐하노라

이윽고 2시가 되니 문득 바람의 방향이 변하며 운무가 걷
히기 시작하여 동에 번쩍 일월출봉日月出峯이 나서고, 서에 번
쩍 영랑봉의 웅혼한 모양이 나오며, 다시 구룡연 골짜기의 봉
머리들이 흰 구름 위에 드러나더니 문득 멀리 동쪽에 짙푸
른 동해의 파편이 번뜻번뜻 보입니다. 그러다가 영랑봉 머리
로 고고한 7월의 태양이 번쩍 보이자, 운무의 스러짐이 더욱
빨라져 그러기 시작한 지 불과 4, 5분 사이에 천지는 물로 씻
은 듯한 적나라赤裸裸가 아니라, 청나라靑裸裸한 모양을 드러
내었습니다. 아아, 그 장쾌함이야 무엇에 비기겠습니까. 마치
물바람 속에서 새로 천지를 지어내는 것 같습니다.

"나는 천지창조를 목격하였다" 또는 "나는 신천지의 제막

식을 보았다"하고 외쳤습니다. 이 마음은 오직 지내본 사람만이 알 것이외다. 몹시 어두운 물바람 속에 난데없는 한 줄기 광선이 비치어 거기 새로운 봉머리가 드러날 때, 우리가 가지는 감정이 창조의 기쁨이 아니면 무엇입니까. "나는 창조의 기쁨에 참여하였다" 하고 싶습니다.

홍몽 鴻濛 [073]이 부판 剖判 [074]하니 하늘이요 땅이로다
창해와 1만2천봉 신생의 빛 마시올 제
사람이 소리를 높여 창세송 創世頌 을 부르더라

천지를 창조하신 지 천만 년가 만만 년가
부유 蜉蝣(=하루살이 벌레) 같은 인생으로 못 뵈옴이 한일러니
이제사 지척에 뫼셔 옛 모양을 뵈오리라

진실로 대자연이 장엄도 한저이고
만장봉 萬丈峯 섰는 밑에 만경파 萬頃波 를 놓단말가
풍운의 불측한 변환이야 일러 무삼하리오

---

073 하늘과 땅이 아직 갈리지 않은 혼돈상태
074 하늘과 땅이 처음으로 나누어지는 것

참말 비로봉머리에 서서 사면을 돌아보면 대자연의 응대, 숭엄한 모양에 탄복하지 않을 수 없습니다. 봉의 높이는 겨우 6천9척(=약1, 820m)에 불과하니, 내 키 5척 6촌(=약 168cm)에서 이마 두 치(=약 6cm)를 감하면 내 눈이 해발 6천4척4촌에 불과하지만, 첫째는 이 봉우리가 1만2천봉 중에 최고봉인 것과, 둘째 이 봉이 바로 동해 가에 선 것 두 가지 이유로 심히 높은 감상을 줄 뿐더러, 그리도 아아峨峨하던 내금강의 봉우리들이 저 아래 2천척 내지 3천~4천척 밑에 모형지도 모양으로 보이고, 동으로는 창해가 거리는 40리는 넘겠지만 뛰면 빠질 듯이 바로 발아래 들어와 보이는 것만 해도 그 광경의 웅장함은 사방에 이 봉 높이를 당할 자 없으므로, 시계가 무한히 넓어 직경 수백 리의 일원을 한눈에 내려다보니 그 웅대하고 장쾌하고 숭엄한 맛은 실로 비길 데가 없습니다.

비로봉 올라서니 세상만사 우스워라

산해만리山海萬里를 일모一眸에 넣었으니

그 따위 만국도성이 의질蟻垤(=개미둑)에 비하리오

금강산 1만2천봉 발아래로 굽어보고

창해의 푸른 물에 하늘 닿은 곳 찾노라니

청풍이 백운을 몰아 귓가로 지나더라

비로봉에서 보는 승경 중에 가장 기분 좋은 것은 동해를 바라봄이외다. 모형지도와 같은 외금강도 고성高城 지방을 사이에 두고 푸르다 못하여 까매 보이는 동해의 끝없는 평면의 이쪽은 붓으로 그은 듯한 선명한 해안선으로 구획되고, 저쪽은 바다 빛과 같은 하늘과 한데 어우러져 이윽히 바라보니, 어디까지가 하늘이요 어디까지가 바다인지를 알 수 없으며, 물결 안 보이는 푸른 거울 면에 백 수 점點의 범선이 떠 있는 모습은 참으로 장하다 할까, 신비하다 할까, 적당한 말을 찾을 수가 없습니다.

창해의 끝없음이 나의 맘이요

푸르고 반듯함이 나의 뜻이니

활달하고 심원한 창해의 덕은

무궁하고 무한한 하늘과 합해

백천百川을 다 받으되 넘침이 없고

만휘萬彙(=수많은 무리)를 다 먹이되 줄음이 없네

가다가 폭풍마저 노한 물결이

하늘을 치건마는 본색은 화평

만일 이곳에 우물을 얻는다면 한 암자를 짓고 일생을 보내고 싶습니다. 진실로 그렇다 하면 신선이나 다르랴. 그래서 세속의 시끄럽고 더러운 것과 인연을 끊고 창해와 하늘과 흰 구름과 맑은 바람으로 벗을 삼아 일생을 마치고 싶습니다.

이곳의 지형이 영랑봉을 서단西端, 비로봉을 동단東端, 이 양 봉우리를 연결한 척골脊骨(=등뼈)로 남변으로 삼고, 북으로 비스듬하게 경사진 하나의 고원을 이뤘는데, 그 주위가 10리는 넉넉할 듯하고, 그 고원 일면에는 향과 자작나무가 빽빽히 솟아 마치 목초장을 바라보는 듯합니다. 그리고 그 나무들이 평지의 나무와 달라 키는 오륙 척에 불과하고, 모두 덩굴이 되어 서로 얽히었으므로 도저히 그 속으로 사람이 헤어날 수는 없습니다.

반 공중에 얹어 놓은 나무 바다! 진실로 기이한 풍경이외다. 만일 이 나무를 베어 내면 여기 훌륭한 절터가 될 것이요, 이 고원의 한복판 우묵어리[075]에서는 차고 맑은 음료수를 얻을 것 같습니다. 어느 도승이 여기다 하나의 절을 창건하지 아니하려나, 그리고 이 넓은 마당에 1만2천 겨레붙이를 모으고 반야경을 설說할 보살은 없나.

아아, 아무리 하여도 비로봉의 절경을 글로 그릴 수는 없습니다. 아마 그림으로 그릴 수도 없을 것이외다. 꿈과 같은 광경을 당하니 다만 경이와 탄미의 소리가 나올 뿐이라, 내 붓은 아직 이것을 그릴 공부가 차지 못하였습니다. 다만 볼 만하고 남에게도 말할 만하지 않으니 내가 할 말은,

비로봉 대자연을 사람아 묻지마소
눈도 미처 못 보거니 입이 능히 말할손가
비로봉 알려 하옵거든 보소서 하노라

과연 그렇습니다. 비로봉 경치는 상상해도 상상할 수 없는 것이니, 하물며 말로 들어 알 줄이 있으리오. 오직 가 보아야 그 사람의 천품을 따라 볼 이 만큼 보고 알 만큼 알 것이외다.

075　가운데가 둥그스름하게 푹 패어있는 곳

3시가 되자마자 저 시편 능허봉 머리에 뭉키어 있던 한 덩어리 검은 구름이 슬슬 풀리기를 시작하고, 방향 잃은 바람이 정신없이 불어오더니 구룡연으로서 한줄기 실안개가 일어나 옥녀봉 고운 머리를 싸고돌더니, 문득 골짜기마다 햇솜 같은 구름이 뭉클뭉클 일어나며 미처 바라볼 새 없이 구룡연 골목을 감추고 동해를 감추고, 3, 4분이 못 되어 운무가 사방으로 둘러싸이고 음산한 바람이 세차게 불어 아까 올라올 때와 꼭같이 되고 말았습니다. 진실로 헤아릴 수 없는 자연계의 변환變幻이외다.

거룩한 이 경개를 속안俗眼에 오래 뵈랴
걷혔던 구름 막幕이 일진풍一陣風에 내리놓다
인간에 할 일 바쁘니 돌아갈까 하노라

우리는 아직도 다 타지 않는 불을 다시금 보고 은사다리를 밟았습니다. 한 층 한 층 올라올 때에 밟던 사다리를 밟아내려 갈 때에는 마치 무슨 영광에 찬 큰 잔치를 치르고 돌아오는 손님 같은 생각이 납니다. 1921년 8월 11일 오후 2시부터 3시, 이것은 우리가 창세주 초대의 특전을 받아 그 창조의 광경을 보던 기념할 날이요 시간이외다.

대주재大主宰 뫼시옵고 창세연創世筵 뵈옵다가

선주仙酒에 대취하여 창세송創世頌 아뢰옵고

석양에 옷을 날리며 은사다리 나리니라

온정령 溫井嶺

마하연에서 바로 유점사로 넘어가려다가 비로봉 길에 몸이
잔뜩 지친 데다가, 유점사에서 넘어오는 객들과 스님의 말
에 병을 앓고 난 처를 이끌고 험한 안무재를 넘을 생각이 없
어서, 다시 장안사로 내려와 하룻밤을 지내고 8월 12일 이른
아침에 장안사에서 세동 細洞으로 가는 자동차를 탔습니다.
지친 몸에는 자동차가 걷기보다 더 어려운 데다, 신작로가
아직 잘 닦여지지를 않아 자동차가 껑충껑충 뛸 때에는 오
장이 다 들추이는 듯 불쾌함이 비할 데가 없습니다. 게다가
큰길 주변의 경치가 금강산을 보던 눈에는 너무 평범하여서
불과 한 시간의 여행이 십 년이나 되는 듯합니다.

　가는 중에 한 가지 위로되는 것은 영랑봉의 뒷모양을 봄

이요, 비로봉은 보일 듯도 하건만 막막한 운무 속에 숨어 한 갓 나를 애쓰게만 하였습니다. 세동이라기에, 아아 조그맣더라도 무슨 시가지나 되는 줄 알았더니 자동차는 우리를 개천가 밭치둑에 내어던지고, 차비를 받아 넣기가 바쁘게 오던 길로 도로 달아나고 맙니다. 짐을 지울 사람이 있나, 물어볼 집이 있나, 이런 기 막히는 일은 없습니다. 나는 저 개천 건너 있는 집 마당에 사람들이 서 있는 것을 보고 지팡이를 두르며 달음박질을 쳐 가서 짐꾼을 하나 얻어 달라 한즉, 그네는 "여기는 짐꾼 없어요" 하고 딴소리만 하고 있습니다.

나는 한참 야단을 하여 겨우 그 중에서 제일 게을러 보이고 노름꾼 같아 보이는 자 하나를 얻어 데리고 왔습니다. "한참 가면 내 동생을 만날 터이니, 그 애더러 짐을 지고 가게 하지요" 합니다. 그래 가방을 들고 들리고 얼마를, 아마 5리는 가노라니 그 자가 길닦이하는 어떤 15, 6세나 되어 보이는 소년 하나를 불러 이러한 문답을 합니다.

"애, 이 자식아, 너 이 짐 지고 온정리까지 갔다오너라." "싫여!" "싫기는 왜?" 하는 형은 눈을 부라린다. "이 더운 날 온정령을 어떻게 넘어간담." "짐은 얼마 안 돼, 이것 봐라, 쌀 한 말 무게밖에 더 되니? 이것 지고 가면 일 원 오십 전 받는다. 그 돈 받아서 옥양목이나 사다가 네 옷이나 하면 안 좋으냐, 망할 놈의 자식 같으니!" 이렇게 해 그 소년의 승낙은 얻었으나, 이번에는 우리가 항의를 하게 되었습니다.

"여보 이런 어린애가 어떻게 이 짐을 지고 고개를 넘어요?" "아니, 걱정 없어요. 쌀을 두 말씩이나 지고도 훌훌 영을 넘어서 다닌답니다." "어린 것이 넘노라니 여북하겠소. 오늘 종일 가야겠구려." "원 별 소릴 다 하시오. 당신네들이 도리어 이 애를 따라가기가 어려우리다."

하여 우리 항의는 말 같지 아니한 듯이 무시하는 태도를 보이며, "그럼 얼른 집에 들어가서 지게 지고 오너라." 이 모양으로 겨우 짐꾼을 얻어 고개를 향하고 떠나기는 했으나, 어떻게 볕이 내려 쪼이고 날이 더운지 마하연과는 딴 세계외다. 장안사만 하여도 오늘 식전에 일어날 적에는 추운 생각이 있었는데 이렇게도 기후가 다를까.

불과 20리 길을 거의 네 시간이나 허비하여 천신만고로 온정령 마루터기에 올라왔습니다. 올라오는 길이 그리 험하지는 않으나 원체 더운 날에 바람 한 점 얻어 볼 수 없고, 벌은 웬 벌이 그리 많아 조금만 방심하면 코, 눈 할 것 없이 쏘일 형편이외다. 어떤 곳에서는 연방 팔을 전후좌우로 내둘러야 되게 되었습니다. 그 놈의 매미소리가 땀을 쥐어짜는 듯합니다. 혹 시내를 만나 찬 물이나 마셔 보려 하면 그것도 미지근하여서 끓었다가 식은 물 같습니다.

그 모든 것보다도 이 고개를 넘는 자에게 지리한 감을 주는 것은 고개가 아무리 올라가도 올라오는 것 같지가 않고 저 고개만 넘으면 되나, 저 모퉁이만 하면 되나 하여 밤낮 속은 감이외다. 과연 인생의 행로에 비길 만합니다. 고개 마루터기에서 한참 동해로 불어오는 서늘한 바람을 쏘이다가 다시 무거운 다리를 끌고 내려가기를 시작합니다. 거기서 쉬는 어떤 노파의 말이 이제 10리만 내려가면 주막이 있다 하니 아마 그것이 만물초인 모양입니다. 내려가는 길 10리야 얼마나 되랴 하여 새 기운을 내어 수십 보나 걸어 내려가니, 길이 온통 해골 같고 주먹 같은 돌로만 되어 발이 그 뼈다귀를 내려디딜 때마다 발바닥이 쑥쑥 쑤시듯이 맞히고, 그럴 때마다 전신이 전기를 맞은 것처럼 자릿자릿하여 그 불쾌함이 올라갈 때 이상이외다.

이런 길로 얼마를 내려가니 참으로 죽고 싶고 펄썩 주저앉아 울고 싶습니다. 그러나 이런 길에 잔뜩 짐들을 지고 구슬땀을 뚝뚝 떨구며 올라오는 어물장수들을 보면 도리어 부끄러운 생각이 납니다. 그네들은 이렇게 애써서 한 짐을 꼬박꼬박 지고 가더라도 잘 해야 1, 2원 벌이가 될락말락할 것이외다.

인생행로가 진실로 어려워라
오르기도 어렵거든 내리기조차 어려운지고
하물며 짐이 무거우니 눈물겨워 하노라

인생 백년을 길다 할까 짜르달까
노역勞役은 기옵거늘 향락은 짜를러라
길고도 짧은 것이야말로 인생인가 하노라

땀에 떠 울며 기며 가까스로 추어 올랐으니
영상嶺上의 서늘한 안식을 탐함직도 하건마는
앞길이 남았사오매 다시 갈까 하노라

"바로 요기요" 소리를 몇 십 번이나 들어 속다가 속다가 거의 절망할 만할 때에, 멀리 눈앞에 만물초 찻집이 보입니다.

'요기요 요기요'커늘 다리 끌고 가옵더니
요기가 어데 있으랴 고개요 또 고개로다
온 길로 돌 줄이 없으니 더 가보려 하노라

있기는 있더라 가면 이를러라
가깝다 멀단 말을 사람더런 묻지 마소
원근이 내게 있으니 가고 감이 어떠리

만상정萬相亭이라는 다정茶亭에 걸터앉아 탁자에 몸을 기대고 사이다 한 병을 들이키니, 죽어 가던 몸이 이제야 다시 산 듯 하외다. 그러나 화불단행禍不單行[076]이라, 짐꾼 아이놈이 여기서 기다리지 않고 벌써 몇 십 분 전에 앞길로 내려갔다 합니다. 첫째 우리는 만물초를 보아야 하겠고, 둘째 그리 되면 오늘밤을 여기서 지내야 할 터인데 짐꾼이 가버렸으니 어찌합니까. 원래 짐꾼 아이는 고개 저편에서 얼마 동안 동행하고는 늘 앞서 왔는데, 그때부터 어떤 학생 같은 아이와 짐꾼과 동행하기로 항상 염려를 놓지 못하고 있었더니 마침내 이 꼴이외다.

그래서 사이다 한 병을 겨우 다 마시고 전속력을 다하여 달음박질로 그 짐꾼 아이의 뒤를 따랐습니다. 땀은 흐르고 숨은 차고 다리와 발은 아프고 참으로 죽을 지경인데, 이놈을 따라잡기만 하면 이 향나무 몽둥이로 한바탕 두들겨 주리라 하고 몇 번이나 이를 갈다가, 3리쯤 가서 그를 따라 잡았습니다. 잡고 보니 그 역시 땀이 흐르고 어린 것이 기운이 다 빠져 걸음을 옮겨 놓기가 어려운 모양이외다. 나는 그만 모든 결심을 버리고 측은한 마음이 생겨서 짐을 붙들어 가며 데리고 올라와서 작정한 삯을 주어 돌려보냈습니다.

만물초 萬物草

다리는 아프지만 아직 시간이 남았으니 만물초 구경을 하리라 하여 찻집 주인인 일본인더러 안내자를 구해 달라 하니, 번번이 놀고 있는 조선 사람들은 갈 생각도 하지 않습니다. 그 일본인은 우리를 무엇으로 알았는지, "참말 요보(=要望)는 할 수 없어요. 아무것도 안 하면서도 일은 싫어하니"를 일어로 몇 번씩이나 반복할 때에, 나는 얼굴에 모닥불을 퍼붓는 듯하였습니다.

그래 내가 그네더러 "여보시오, 노실 것이 무엇이요? 한 번 갔다 오면 돈이 생기지 않소? 안내하기를 배우시오그려" 한즉, 그네는 비슬비슬 피해 가면서 "내 밥 먹고 내가 싫다는데 웬 잔소리야" 합니다. 아닌 게 아니라 옳은 말이외다만 심히 딱한 옳은 말이외다.

어쩔 수 없이 찻집 주인을 데리고 가게 되었습니다. 찻집에서 오던 길을 2정이나 도로 올라가서 작은 길로 들어 조그마한 고개를 넘으니, 한 무리의 기이한 바위가 눈앞에 나섭니다. 이것이 삼선암三仙巖이외다. 우뚝 선 높은 바위 셋이 있으니 아마 이것이 삼선이요, 그 주위에는 동자童子라 할만한, 영인伶人[077]이라 할 만한, 음식 그릇이라 할 만한 좀 작은 바위들이 있고, 그 중에도 주전자 같은 바위가 있는데, 그것이 술을 데우는 것인지 차를 데우는 것인지는 알 수 없습니다. 삼선암이라는 명칭으로 대표되는 것은 한 봉우리인데, 봉머리 위에 말한 것들이 벌려 있습니다. 그 봉에 오르는 데는 철 난간이 있는데, 안내자의 말이 이것은 데라우치寺內 총독이 올 적에 만든 것이라 합니다.

삼선암에서 서, 북, 동으로 눈을 굴려 보면 과연 만물초라 할 만큼 온 산이 모두 물상物象으로 된 기암과 괴석으로 되었는데, 삼선암을 자루로 하고 주위 20리나 될 듯한 부채꼴로 된 산곡 내에는 무수한 봉우리와 무수한 골짜기와 그

---

077 악공이나 광대

중에 무수무수무수無數無數無數[078]의 물상으로 생긴 기암이 있습니다.

삼선암에서 북쪽을 향하고 위태한 비탈길을 내려가면 깊은 동학洞壑에 들어서는데, 동학의 물 내려오던 길로 한 걸음 한 걸음 올라서 3정쯤 가면 눈앞에는 옥녀봉의 날씬한 모양이 보이고, 동학이 끝난 곳에 서쪽 절벽을 오르게 되는데, 안내자가 앞서 올라가니 아마 길인가 보다 할 만하고, 당초에 사람은 오르지 못할 듯한 절벽이외다.

반은 기고 반은 매달려 십 수 분이나 올라가면 키 작은 관목들이 있고, 흙도 좀 있어서 사람 다니던 발자국이 보입니다. 이 모양으로 오르기를 4, 5정 만에 한 고개턱에 오르고 거기서 다시 서쪽으로 성벽 같은 산의 꼭대기 위에 바늘구멍 같은 석문이 보이니, 이것이 우리가 올라가야 할 금강제일관이라는 금강문이니, 이것을 통하여 신만물초新萬物草의 최고봉인 천선대에 오른다 합니다. 안내자의 말에 구경꾼들이 흔히 여기까지 와서 저 금강문을 바라보고는 그만 올라갈 용기가 없어 도로 내려간다 합니다.

과연 금강문에 오르는 절벽은 험합니다. 앞서가는 이가 없으면 암만해도 올라갈 생각이 날 것 같지 않습니다. 여기 한 사십 척 가량은 온통 기어오르는 곳인데, 기는 것도 거의 발가락과 손가락 끝으로 가게 되었습니다. 그 중에도 거의 다 올라가서 한 길이나 넘을, 손도 발도 붙일 수 없는 석벽이 있으니, 이것은 저 꼭대기에 여덟 손가락을 걸고 철봉에 오르듯이 오를 수밖에 없이 되었는데, 오르기는 하였지만 내려올 생각을 하면 기가 막힙니다. 그것을 다 기어오르면 곧 석문인데, 석문 이쪽에 서서 저쪽을 내다보면 건너편 산밖에 안 보이는 허공이외다.

　석문을 나서면 겨우 발을 놓을 만한 바위 턱이 있어 남으로 천선대에 가게 되었으나, 여기서 천선대까지 십 수 걸음 동안 바람만 불어도 몸이 날아가지 않나 하여, 소름이 쪽쪽 끼치는 바위 면에 손바닥을 딱 붙여 두족류의 흡반 대신 쓰면서 바위를 안고 돌고 지고 돌 데 뿐이외다. 석문을 나서서 북쪽 암면에는 금강제일관이라고 큰 글씨로 새겼는데, 거기는 쓴 사람의 이름도 새긴 사람의 이름도 없는 모양입니다.

　천선대에 오르니 몸을 날려 반 공중에 솟은 듯한데, 천선대가 바로 만물초의 중심을 차지하였으므로 그 전경을 지적할 수가 있습니다. 눈을 남에서부터 우로 굴려 돌아오면 서남쪽으로 석양의 구름 빛을 이고 선 것이 구룡연 골목의 옥녀봉, 그 줄기가 온정령을 지나 북으로 향하여 우뚝 솟아 만물초의 주봉이 된 오봉산五峯山, 오봉산에서 다시 북동으로 흘러 만물초의 북벽을 만든 세지봉勢至峯, 거기서 동남으로 흘러 만물초의 동벽을 만든 문수봉, 거기서 다시 남으로 흘러내려 수정봉이고, 온정령에서 수정봉 남쪽 산기슭에 이르는, 관음연봉觀音連峯과 만물초 중간에 푸른 아지랑이에 묻힌 산골짝이 한하계寒霞溪, 이렇게 둘러막힌 천지 안에 울룩불룩하고 뾰족뾰족한 대소 천만봉의 크고 작은 억만 바위들이 창세주가 만물을 창조하기 전에 만물의 온갖 형태를 초草잡아보던 만물초외다.

첫째, 이 좁은 공간 내에 그 많은 봉우리들과 골짜기들을 착잡錯雜히 벌여 놓은 것도 한 경이驚異어니와, 거기 있는 수없는 바윗돌이 물끄러미 들여다보고 있노라면 모두 생명을 가진 무슨 물상物象이 되어 보입니다. 꼭 무엇이라고 이름을 지을 수는 없으면서도 아무려나 그저 바위 같지는 아니하고, 꼭 어디서 오래 전에 한 번 보고 이름을 잊어버린 것 같아서 사람으로 하여금 "아이구, 저게 무엇이더라"하고 애를 쓰게 합니다.

그런 바위가 한두 개만 되면 이것은 무엇, 저것은 무엇하고 이름도 지으련만, 워낙 수數가 없어서 시방 물끄러미 보던 바위도 다른 데를 보다가 보면 어디 갔는지 찾기가 어려우며, 또 석양의 광선과 음영陰影의 변화를 따라서 그 바위들이 주는 인상이 시시각각 변하니, 휘휘 둘러보면 오직 입을 벌리고 눈이 횡할 따름이외다. 파우스트가 마술구경하는 대목이 꽤 신괴神怪[079]하게 묘사되었거니와, 이토록 신괴한 경개는 사람으로는 도저히 상상할 수 없을 듯합니다.

어떤 고인의 만물초기萬物草記에, '혹 개 같은 것, 소 같은 것, 귀신같은 것, 상주喪主 같은 것, 달아나는 놈, 우는 놈, 싸우는 놈……' 이 모양으로 만물초의 인상을 묘사한 것을 보았거니와, 대체 무슨 모양이야 없으리오. 개 같은 놈을 찾자 하고 돌아보면 개가 있고, 다시 삽살개 같은 놈을 찾자 하면 삽살개가 있고, 양인洋人 같은 놈을 찾자 하면 양인이 있고, 혹 나의 친구 중에 누구 같은 것을 찾자 하면 그도 있습니다.

무릇 내가 생각나는 것을 찾으면 없는 것이 없습니다. 자연은 우리의 주체적 관념으로 된 것이란 말이 더욱 그럴 듯합니다. 아마 인생관이 다른 대로 만물초의 형태도 변할 것이니, 혹은 만물초의 만상이 지옥같이도 보일 것이요, 사람 사는 세상의 만상같이도 보일 것이요, 천국의 천사 떼같이도 보일 것이외다. 모든 표정과 모든 정조를 만물초에서 찾을 수가 있을 것이니, 이것을 만물초라고 이름 지은 것도 그럴 듯한 일이요, 만물상이라고 부르는 것도 그럴 듯한 일이외다. 일본 소설가 기쿠치 유호菊地幽芳 씨가 금강산을 자연의 기형아라고 하였거니와, 만물초야말로 자연의 기형아요 또는 자연의 큰 장난이외다. 조화옹造化翁의 조각 습작의 아트리에외다.

자연이 곱다 함은 거짓말은 아닐 것이
자연이 밉다 함도 그 또한 있을 말이
곱거나 밉거나키는 제 맘인가 하노라

만물초는 이미 완성품이라 할 수도 있고 아직 미성품未成品이라 할 수도 있습니다. 비바람과 천둥 벼락과 더위와 추위가 조화옹의 끌이니, 그는 날마다 밤마다 시각마다 때려내고 쪼고 깎고 갈고 다스립니다. 그러기를 개벽의 첫날부터 하여 오늘에 이르렀고, 오늘부터 하여 폐합閉闔(문짝을 닫는)의 끝 날에 이를 것이외다.

그 동안에 만물상의 형태가 몇 억 번이나 변했으며 이로부터 몇 조 번이나 변하랴만, 그렇더라도 그 근본의 계획이 변함이 없는 것이 조화옹의 뜻이외다. 인생도 그러한가 합니다. 나 개인의 일생도 그러한가 합니다. 그 현재의 순간 순간이 모두 완성이면서도 무궁한 개조와 변화와, 또한 순간 순간으로 끊임없이 행하여 무궁한 이상理想을 향하고 오르고 나아가는 것이외다.

그날 저녁에 찻집의 한 방을 빌어 유숙하기로 하였는데, 마침 음력 7월 15일 밤이라 물기를 머금은 달이 관음연봉의 서단西端에 바로 걸려 그 아름다운 빛을 칡덩굴로 얽은 창으로 보내니, 비록 종일 행보에 피곤한 몸이건만 차마 잠을 이룰 수가 없습니다.

밤중에 일어나 나막신을 끌고 뒤뜰에 오르니, 진실로 달빛은 교교한데 맑은 바람은 서래徐來(=느리게 불어라)라. 한하계

푸른 안개 속에서는 멀리 물소리가 울려오고, 북두성이 자루를 꽂은 만물초에서는 부엉이의 소리가 납니다.

> 관음봉 여름 달이 상등봉 넘으랄 제
> 한하계寒霞溪 울어 예는 소리 바람결에 들리는지고
> 다정茶亭에 잠 못 이는 손이 길이 배회하더라

달 아래 만물상을 보는 것이 또한 얻어 보기 어려운 경치외다. 수없는 봉우리들의 복잡한 그림자에 하나도 분명히 보이는 것은 없이 모두 어두운 그림자뿐이건만, 그것이 도리어 몹시 신비해보입니다.

나는 나를 잊고 바위를 하나씩 하나씩 건너 뛰어 계곡으로 올라갔습니다. 얼마를 올라가 산 그림자 밑에 들어서니, 문득 세계가 변하여 일종의 공포와 경악의 정情이 일어납니다. 가만히 귀를 기울이고 서 있으면 혹 돌멩이 굴러 내리는 소리, 물방울 떨어지는 소리, 혹 나뭇가지 흔들리는 소리, 혹 무엇인지 알 수 없는 그윽한 소리, 또 혹 바위가 틈나는 소리가 들립니다. 원래 고요한 밤중이라 아무리 조그마한 소리라도 사위의 모든 물체에 반향되고, 그 소리가 듣는 자의 오장육부를 울립니다. 이는 우주의 신곡神曲이요, 밤의 비곡祕曲이외다.

다시 눈을 떠서 둘러보건대 수없는 그림자가 고요하다 하면 고요한 듯하여 마치 조는 듯하고 명상하는 듯하고 죽은 듯하건만, 움직인다 하면 모두 움직이는 듯하여 고개들을 끄덕이는 것도 같고 춤을 추는 것도 같고 끊일 새 없이 꿈틀거리며 움직 이는 것도 같습니다. 아아, 지극한 정靜과 동動, 지극한 적막과 소란함, 정중지동靜中之動, 동중지정動中之靜이란 것이 이런 심경인가 합니다.

음영이 움직이니 조화옹의 손이로다
움직이매 나는 소리 그의 쓰는 마차로다
월백月白코 풍청風淸 타커늘 밤일인가 하노라

이 줄을 울리시니 궁이요 상이로다
저 줄을 울리시니 각이요 치로구나
만 줄을 만 손으로 울리시오 만뢰萬籟⁰⁸⁰인가 하노라

080 삼라만상에서 나는 온갖 소리

님께서 울리시오니 내 있어 듣노매라

님께서 새기시오니 내 있어 보노매라

저 님아 울리고 새기시옵소서 듣고 볼까 하노라

님 있고 내 없으면 뉘 있어 보오리오

내 있고 님 없으면 지을 이도 없을 것이

님 짓고 내 있어 보오니 우주인가 하노라

구룡연九龍淵

온정리에서 사흘이나 묵어 8월 15일 아침 8시에 구룡연을 향하여 떠났습니다. 이날은 심히 더워 떠난 지 불과 수십 걸음에 벌써 땀이 흐르기 시작합니다.

일행은 우리 부부와 안내자 한 명. 온정리호텔이라는 바로크식 여관 앞을 지나 수십 걸음을 산 밑으로 들어가면 감로수라는 샘이 있는데, 진실로 맛이 차고 달아 감로甘露란 이름이 헛말이 아니외다. 이것은 온정리의 온정溫井과 함께 불쌍한 마의태자가 발견한 것이라고 전합니다. 아마 그가 이 근방에 집을 잡고 감로수로 타는 가슴의 불을 끄고, 온정에 늙어가는 몸을 씻으면서 남은 생을 보낸 듯합니다. 한하계寒霞溪의 석양은 아마 애완愛玩(곁에 두고 아끼고 즐김)하던 것일까 합니다.

감로수 무심도 하다 가신 줄은 모르고서

밤낮에 솟아 내려 눌다려 마시란 말고

행인이 다 무심하니 생각이나 하리오

감로수에서 원래 길로 나와 시내를 끼고 3리나 나오노라
면 그리 높지는 않고 여름날 오르기에는 꽤 거북한 고개가
있으니, 이것이 신계사神溪寺로 넘어가는 극락현極樂峴이외다.
이 고개는 노장봉老丈峯과 문필봉文筆峯을 연결한 것이니, 고
개의 동단에 붓끝같이 뾰족한 봉이 문필봉이라. 이 봉이 있
기 때문에 신계사에는 글씨 잘 쓰는 중이 떠나지 않는다 하
며, 고개 서단의 드높은 봉이 노장봉이라 봉머리에선 큰 바
위가 마치 노장이 걸터앉은 모양이라 하여 이 이름을 얻은
것이외다.

극락현을 넘어 송림 속으로 내려가면 사방 반 리나 될락
말락 한 평지가 솔숲 사이 열린 곳에 하나의 커다란 가람이
있으니 신계사라, 그 사무소가 유리창, 의자, 탁자의 면사무
소나 순사주재소 식인 것이 매우 눈에 틀립니다. 대웅전 앞
에 선 오래된 석탑만 오직 옛 뜻을 변치 않고 서 있을 뿐이
외다. 이탑은 전에도 말하였거니와, 내금강의 정양사탑, 탑

거리탑과 함께 금강의 3고탑이거니와 신라시대의 옛 뜻을 전하는 것이외다.

과연 신계사의 송림은 금강의 한 특색이외다. 송충이 같은 돌중의 손에 다 뜯겨 노송老松은 적으면 4, 50살 먹었을 듯한 적송赤松의 수풀이 꽤 아름답습니다. 그 중에 절의 동남 밭 가운데 있는 것은 아마 수백 살 먹은 노송인 듯한데, 그 가지의 얽혀 퍼짐이 참으로 사랑할 만합니다. 절을 지나 서남 송림 속으로 좌편 계곡 물소리를 들으면서 수십 보를 가면 오른쪽 산 밑으로 들어가는 길이 있으니, 이 길로 산 밑을 싸고돌아 들어가면 마당에 작은 연못을 가진 건축이 꽤 굉장한 한 암자가 있고, 거기서 석간을 건너 십 수 걸음을 올라가면 화엄각이라는 작은 암자니 이것이 유명한 이인異人 찬송거사餐松居士 최기남崔基南이 천일 정진하고 천불 조성하는 곳이외다.

뜰에 들어서니 툇마루에 어떤 40여 세나 되었을 듯한 중년 남자가 검은 안경을 쓰고 곱돌을 깎고 앉았는데, 인사를 청한 즉 이 이가 최기남이외다. 온 뜻을 고한즉 그는 일감을 놓고 곁에 있는 청년에게 명하여 벼루와 공책을 가져오게 합니다. 그 책은 내유방명록來遊芳名錄이란 것인데, 무오戊

午(1918) 7월 18일 이래로 그를 방문한 자의 주소와 성명, 직업을 적은 것이라 1천여 인이 넘는다 합니다. 우리도 거기 이름을 적었습니다. 나는 그에게 몇 가지 질문을 하였는데, 그는 다변이라 할 만큼 유쾌하게 대답합니다. 나와 그와의 문답은 꽤 흥미 있는 것이니 독자 여러분께 말씀해드릴 만하다고 믿습니다.

"선생은 언제부터 화식火食을 끊었습니까?"

"7년 전부터외다."

"화식을 끊으신 동기는 무엇입니까?"

"지금부터 20여 년 전, 즉 내가 스물한 살부터 불교에 뜻이 있었고 그래서 어찌하면 이 인생의 죄악과 고통에서 해탈할까 하는 것을 늘 생각하였는데, 7년 전에 이르러서는 일절 화식을 끊고 심령연구에 일생을 바치리라는 결심을 하고 경부警部[081]의 직을 버리고 안변安邊 어느 산중에 숨었었습니다. 그러다가 재재작년, 즉 무오년에 여기 들어와 천불 조성의 천일 정진을 시작하였습니다"라고 방과 툇마루에 쌓인 곱돌과, 혹은 머리만 되고 혹은 온몸이 다 된 곱돌부처

---

081   일제 치하 경시청과 각도 관찰부의 사무를 보던 경찰관

들을 돌아봅니다.

내가 "천불조성은 언제나 끝이 나겠습니까?" 물은 즉 "거의 다 끝이 났습니다" 하고 뜰 동쪽의 바위를 가리킵니다. 보니 자연석의 반면半面을 깎고 거기 해서로 쓴 글씨로 맨 머리에 화엄이란 자를 크게 새기고, 그 밑에 '최기남, 천일 정진, 자自 무오년戊午年(1918) 7월 18일 지至 신유辛酉(1921) 4월 18일 18성聖, 오백존五百尊, 천불조성 시왕사천왕十王四天王'이라고 새겼습니다.

그는 최기남이라고 새긴 최 자 위에 최 자가 있는 것을 주의하라 합니다. 과연 최기남이라는 최 자에서 서너 치나 위에 유치한 글씨로 새긴 듯한 최 자가 있는데, 이것은 기미己未(1919) 정월 29일에 저절로 나온 것이라 합니다. 어찌해 나왔을까를 물은즉 신명神明이 감동함이라 합니다. 나는 구태여 이를 골똘히 생각해 알 필요가 없어 혼자 웃고 말았습니다.

나는 다시 말을 이어, 그러면 이 천불조성에는 경비도 많이 들었으리라고 물은즉 그는 "네, 한 3천 원 들었습니다. 이 곱돌은 전부를 청진清津서 실어온 것입니다. 그런데 돈은 내 재산과 유지의 기부로 씁니다" 하고, 그는 천불을 조성하려는 동기를 말하여 "우리 조선에는 불교 들어온 지가 수천 년이 되어도 아직 오백나한 하나도 다 새긴 것이 없고, 더구나 천불은 새길 생각을 한 사람도 없습니다. 그래서 아무리 하여서라도 천불을 조성하리라고 원願을 세웠습니다. 사정으로 천 일이 좀 지났지만 이제 사오 일만 하면 조각은 다 끝나겠고, 그 다음에는 나한전과 천불전의 조성에 착수하겠습니다. 신계사 구내에 지을 터인데, 절에서는 터와 재목을 내고 그 밖에는 내가 동냥을 하여서라도 지으렵니다."

그는 다시 곱돌로 하는 이유를 설명하여 "나무나 흙은 물론이요 금속으로 만든 불상도 화재를 당하면 다 없어지고 말아서 조선도 옛부터 그 많은 불상이 거의 다 화재에 재가 되고 말았습니다. 그래서 나는 모두 곱돌로 하는데, 곱돌이란 불에 탈수록 더욱 견고해지는 것입니다" 하며, 안경을 벗어 그 의안義眼과 같이 굳어 보이고 몹시 동공이 커다랗게 퍼진 눈으로 한번 나를 봅니다.

나는 화제를 둘러 "생식만 하신다니, 무엇을 잡수십니까?" 이 말에 그는 가장 득의롭게 "솔잎과 송피가루에 밀가루를 조금 하고 냉수 이것뿐인데, 하루에 서너 숟가락 먹으면 그만이외다. 그래도 정력은 화식 때보다 낫고 병이라고는 감기 한번 앓아본 일이 없지요."

"걸음 걷는 것은 어떠십니까?"

"아무리 험한 데라도 숨찬 법은 없고, 또 아무리 가더라도 다리 아픈 줄을 모르구요……" 할 때에 아까 벼루 가져오던 청년이 "선생님 걸음이라고는 우리가 따를 수가 없습니다. 참말 펄펄 날으셔요" 합니다.

"추위는 어떠세요?"

"추운 줄 모르지요. 애들이 있으니 불을 때지 나는 찬 방에서도 아무렇지도 않습니다. 더위도 그렇지요. 어쨌거나 내 몸은 소나무올시다. 소나무가 추위나 더위를 압니까?" 하고 떨어진 서양목西洋木 적삼 소매를 걷어 피골이 상접한 팔을 내보이며 "봅시오, 살빛부터 송피松皮 빛이 아닙니까? 이것은 송진이 배어서 빛이 이래요"하면서 만져 보란 듯이 내밉니다. 만져 본즉 과연 송피같이 빳빳하고 찹니다. 산 사람의 피부 같은 감각은 없습니다.

나는 그의 생명이 염려되어 "몇 해 살아 계실 생각입니까?" 하고 좀 묻기 어려운 말을 물었더니, 그는 태연히 "250은 살리라고 믿습니다. 아직은 솔잎과 소나무껍질을 먹지만 금후 7년만 지내면 아무것도 안 먹고 살려 합니다" 합니다.

"연하煙霞082만 잡숫고 사신단 말씀이지요?" "네, 말하자면 바람만 먹고 사는 것이지요."

"하필, 7년 후에야 모든 음식을 폐하십니까?"

"그렇게 갑자기 할 수는 없으니까요. 차차 준비를 하렵니다. 대체 사람이란 먹는 것 때문에 정기精氣가 둔탁하여져서, 잠도 많이 자고 병도 나고 죄악도 범하고, 또 우주, 인생의 신비한 이치를 모르는 것이니, 조금 먹을수록 좋고 안 먹는 것이 가장 좋은 것이외다. 세상 사람들은 안 먹고 산다는 말을 비웃을지 모르지만, 내가 실지로 살아 보이면 그때에는 알겠지요"하고 아주 확신 있는 빛이 보입니다. 과연 그이의 말과 같으면 인생 갈등의 원인이 되는 경제문제는 구름이 흩어지고 안개가 사라지듯 근심과 걱정이 없어지고, 진실로 천국에 임할는지 모릅니다.

나는 다시 그의 장래 경영을 물은즉 "천불조성을 끝내고는 원산 같은 해안 풍광이 명미明媚083한 곳에 돌아다니며 물고기도 좀 얻어먹으며 놀겠습니다. 날고기를 먹는 것은 좋은 일이니까. 그리고는 금년 겨울에는 백일 참선을 할랍니다.

---

082 안개와 노을구름
083 밝고 수려한

백일 간 일절 두문피객杜門避客 [084]하고, 음식과 수면도 다 폐하고 꼭 참선을 할 텐데, 그것만 끝나면 내가 알려고 하는 것은 다 알 것이니까 명년에는 세계를 떠돌아 다닐랍니다.

전 세계에 돌아다니며 이름 있는 철학자, 종교가들을 만나보고 그네의 의견을 다 들어보고는 조신에 돌아와서 일생을 저술에 바칠랍니다. 나는 물론 한문을 씁니다. 지금 내 흉중에 있는 것은 일생을 들어서 써도 다 쓰기가 어려운 것이외다" 하고 예언자다운 한숨을 쉽니다.

그가 만일 2백 년 동안이나 생각하고 쓴다 하면 꽤 신기한 것을 많이 쓰기도 하려니와, 그의 가장 원숙한 저술은 내 6대 손이나 7대 손이 아니고는 볼 수가 없으니, 내가 독자 여러분이나 자손에게 유언해두었다가 찬송거사의 명저가 나거든 우리 묘 앞에 와서 낭독이나 하여 달랄 수밖에 없습니다.

그는 내년 세계 만유漫遊를 떠나기 위하여 송피가루 아홉 동이를 준비하였다는데, 세계 도처에 냉수 없는 곳은 없을 터인즉 이것이 3년 간 양식은 될 터이니, 금강산 송피가루를 지고 도를 찾아 세계로 돌아다니는 찬송거사의 모양은 진실

---

084 문밖으로 나가지 않고 아무도 만나지 않음

로 보기 드문 홀아비의 극히 기이한 볼거리일 것이니, 우리는 독자와 더불어 그의 장대한 포부가 속히 이루어져 다행히 그의 여행담이라도 우리의 생전에 얻어 듣게 되기를 바랄 수밖에 없습니다.

아무려나 최씨는 기인이외다. 다른 것은 다 지나 보아야 알 것이지만 우선 천 일을 정진하고 여념 없이 근 2천의 불상을 조각하여 마침내 공을 이루는 그 의지와 야심부터가 근대 조선인 중에는 출중이라 할 수밖에 없고, 겸하여 온 세상이 도도히 눈앞의 사소한 이익과 욕심, 쾌락에만 악착같이 매달릴 때에 그가 능히 단신으로 이제까지 누구도 피우지 못한 소원을 세워 전 인류의 사상과 신앙을 거듭나게 하리라는 야심을 가지고 무언 중에 착착 실행함이 또한 통쾌한 일이라 아니할 수 없습니다.

나는 네모나고 누른 수염 성글게 난 순 조선형의 얼굴, 인공의 눈 같으면서도 일종 다른 세계의 광채를 발하는 눈, 곱돌 부처 만들기에 구부러진 어깨와 닳아진 손가락이 모든 속세를 떠난 사람 같으면서도 극히 범상해 보이는 태도를 이윽히 보며, 그의 일생의 계획담을 듣다가 앞길이 몹시 바쁨을 생각하고 대화를 끊을 양으로 "조선인의 전도나 인류의 전도에 대하여 무슨 예언하실 것이 없습니까?" 한즉, 그는 빙긋이 웃고 고개를 두어 번 흔들며 "그런 것에 관하여 미상불 할 말도 있지요" 하고 잠깐 주저하다가 "사람이란 화식으로 심령이 둔탁하지만 않으면 앞일을 내다볼 수 있는 것이외다" 하여 자기가 조선인의 앞길이나 세계의 앞길을 모르지 않는다는 뜻을 분명히 한 후에 다시 빙긋 웃고 "그러나 말 안 하는 것이 좋지요" 합니다. 안변安邊 헌병분대에서 욕본 것을 기억하는 모양이외다. 이러한 선인도 경찰이 무서워 입을 못 벌리나 하니 경찰의 세력이 진실로 큰 줄을 알겠습니다.

찬송거사와 작별하고 솔 숲길을 서쪽으로 나서면 조그마한 고개가 있습니다. 이 고개를 넘어서면 벌써 속세의 기운이 빠지고 금강의 진면목이 나서는데, 이 고개에는 아직 이름이 없기로 그 너머 집선계集仙溪 가 있고, 또 남쪽으로 집선봉이 보이므로 이를 금강산 지명문전地名文典 에 비추어 집선현集仙峴이라 하였습니다. 고개, 그 물건은 선 자를 붙일 만하지 못한 극히 조그마한 것이요, 게다가 새 길을 내노라고 살이 깎여 아주 털 뽑힌 강아지와 같은 감을 주지만, 집선계라는 선경을 인간에서 가리워 놓은 공으로 이런 훌륭한 이름을 준 것이외다.

집선현을 넘어서면 남, 즉 왼편에는 집선의 봉우리들과 북, 즉 오른편에는 관음 노장, 석가의 봉우리들을 두고 그 사이 계곡을 서쪽으로 올라가게 되었습니다. 집선봉은 퍽 높고 큰 산인데 봉머리에 물상物象으로 된 바위들이 있으니, 아마 그 이름 집선이 여기서 온 듯합니다. 봉우리 동쪽 기슭에는 조그마한 초가들이 7, 8이나 보이는데 이것은 승니들이 모여서 근처의 땅을 파 먹고 살림하는 부락이라 하고, 그 부락에서는 일 년에 평균 하나씩은 아비 모르는 아이를 낳는 쾌씸한 승이 있다 합니다. 무슨 동기로 승이 되었는지는 모르지만 참 불량합니다.

　거기서 더 들어가면 양봉래란 풍류아가 살던 동석동動石洞이란 곳이 있어 움직이는 큰 바위와 좋은 경치가 있다하나 가 볼 틈이 없음이 한이외다.

　관음봉이란 것은 높은 산에 있는 조그마한 봉인데, 그 봉에서 노장봉으로 나오는 중간 마루터기에 우뚝 선 바위가 있습니다. 그것을 동냥중 바위라 합니다. 그것은 노장봉을 등지고 관음봉으로 향하여 가는 것 같은데, 등에는 배낭 같은 것을 지고 허리를 좀 구부렸습니다. 천연스러운 석상이외다. 동냥중이란 뜻은 그가 배낭을 졌기 때문이외다.

나 보기에는 그의 얼굴이나 의복이나 자세가 꼭 예수 당시의 유태인이나 또는 천주교 신부 같습니다. 만일 이 바위가 서양에 있었던들 사도 바위라든지 바울 바위라든지 아니면 베드로 바위라고나 하였을 것을 동냥중 바위라는 이름을 받게 되었습니다. 나는 이를 베드로 바위라 하여 베드로가 금강산 1만2천 식솔에게 예수교를 전하려오는 길이라 하겠습니다. 이리하여 중향성 담무갈 보살의 반야회般若會에 일대 파란을 일으키는 것도 재미있는 일이 아니오이까.

관음봉 바로 밑에 사선암四仙巖이란 것이 있는데, 바위들이 비범은 하지만 어디가 선인 같은지는 알 수 없고, 그 중에 하나는 이리 보면 머리가 둘도 되며 저리 가서 보면 머리가 하나도 되는 부처 같은 것이 있는데, 매우 재미롭게 생겼습니다. 사선암 앞에 구룡연 물 하류인 집계集溪가 흐르고, 그 계곡물이 집선현을 돌아 내려가는 굽이에 담潭 두 개가 있습니다.

그 중에 집선현 바로 밑에 있는 것은 물빛이 검푸르고, 또 집선현의 뼈라 할 만한 돌뿌다귀가 담으로 쑥 내민 것이 마치 용이 물을 마시려는 듯하므로 흑룡담이라 하고, 사선암 앞에 있는 것은 담의 주위에 허연 바위들이 6, 7개 둘러앉았기로 신선들이 모여 앉아 술 먹는 것으로 상상하고 그 담을 주천酒泉으로 보아 선주담仙酒潭이라 하였습니다.

원래 집선계란 것이 내가 지은 이름인데, 이는 구룡연 갔다가 돌아오는 길에 한 것이지만 지형의 순서를 따라 그 연유를 먼저 말해야 하겠습니다. 일청대一廳臺에서 집선현에 이르는 계곡의, 집선현으로 치우친 일부분은 진실로 맑고 수려하며 한가롭고 아담한 하나의 수려한 계곡이거늘, 예부터 이것을 돌아보는 자가 없어서 이름조차 없고 옥류동, 구룡연 가는 행인의 지리한 길이 되고 말았습니다.

나는 갈 때나 올 때나 그곳 경치가 하도 비범하기로 안내자더러 물었으나 이름이 없다 합니다. 금강산같이 절경이 많은 곳에서는 여간해서 승경이란 칭호를 얻기가 어렵지만, 그래도 이 집선계는 그 아름다움이 결코 금강의 승경 중에서도 한 지위를 차지할 만합니다. 위에도 말하였거니와, 집선계는 집선연봉과 석가, 관음 연봉의 사이에 있어 옥류동과 삼성동三聖洞의 물을 합해 받는 곳으로 그 골짜기의 생김이 평탄한 듯 요철凹凸이 있는데, 성긋성긋한 소나무숲 속으로 전부 백옥 같은 바위와 자갯돌로만 된 시내에 녹옥색 맑은 물이 소리 없이 원원잔잔潺潺[085]하게 흘러 내려가다가 거울 같은 담이 되고 주렴 같은 여울이 되니, 계곡에 앉은 바위들이 모두 흰옷 입은 노인이나 동자들이 고개를 기울이고 떼를 지어 띄엄띄엄 앉은 듯하여, 마치 옥경의 선인들이 여기에 일대 집회를 한 것 같습니다.

또 계곡가의 노송들이 다 속세의 기운을 벗어나 마치 무슨 신선의 음악을 아뢰는 듯합니다. 집선계에는 소리 큰 폭포도 없고 기교하고 날카로운 산봉우리도 없고 아주 평화롭고 광명하고 담백하고 얼른 보기에 평범한 듯한 중에도 기이함과 변화를 품었으니, 아마 선仙 자가 가장 그 뜻을 잘 표현할까 합니다.

만일 달밤에 소나무 바람이 옥이슬을 떨굴 때에 계곡물에 발을 담그고 바위에 걸터앉으면 진실로 몸이 탈바꿈함을 깨달을지니, 이러한 승경을 이름 없이 버려둠은 진실로 아까운 일이외다. 원컨대 독자 여러분은 한번 집선계를 지나 나의 제의에 대한 옳고 그름을 정하시기를 바랍니다.

집선계의 중간쯤 해서 세존봉世尊峯 옆으로 바라보면 관음

---

085 느리고 나지막하게 흐름

봉 서쪽 높은 봉에 꼭 귀뚜라미처럼 생긴 기암이 있는데, 안내자에게 물으니 그것은 이름이 없다 하기로 이만한 기암에 이름이 없어 될 리가 있느냐 하여 귀뚜라미바위라 하였습니다. 조선 땅에 있는 명산에 조선말 이름이 없어서 되랴 하여 조선어로 귀뚜라미바위라고 지은 것이외다.

집선계를 다 지나가서 산기슭 길로 오르면 길가에 하나의 커다란 바위가 누웠으니, 그 위에 일청대라고 조각한 글씨가 있습니다. 쓴 이의 성명을 안 새긴 것이 기쁩니다. 일청대에서 보면 서쪽으로 똑바로 뚫린 골목이 있으니, 이것이 삼성동 골목이라, 이곳으로 가면 삼성암이 30리, 암자에서 다시 몇 리를 가면 바로 비로봉 밑의 마의태자 묘라 합니다.

태자야 운명도 기구코나 만승위萬乘位를 이을 몸이
금강산 험한 길에 피눈물로 헤매다가
마침내 공산일분토空山―墳土 되어 천춘추千春秋를 지내다니
삼성동 뚫린 골목이 곧기가 살 같은데
옥 같은 일조청류―條淸流만 여울여울 울어 오네
아마도 눈 못 감은 태자의 원루寃淚인가 하노라

일청대 올라서니 서풍이 부노매라

아마도 이 바람은 태자묘를 거쳤으리

서풍에 떨구는 눈물이니 님 못 볼까 하노라

삼성동은 금강산에서 특색 있는 골목이외다. 금강산 골
목은 흔히 수십 보 앞이 안 보이도록 된 형상이건만 삼성동
은 똑바로 뚫려 서편 끝이 하늘에 닿았습니다 그렇다고 단
순한 동곡洞谷이 아니요 모양으로 천산일동중千山一洞中[086]식
으로 된 것이, 그러면서도 똑바로 뚫린 것이 더욱 신통합니
다. 생각건대 이 골목으로 올라가면 올라가는 줄 모르게 올
라가, 저 하늘 붙은 곳이 비로봉의 북동쪽 기슭인 듯합니다.

삼성동과 거의 직각으로 남쪽으로 뚫린 것이 우리가 올라
갈 옥류동 골목이니, 이것은 삼성동과 달라 봉우리가 첩첩
이 에워싸고 다시 싸 들어갈 골목이 있는 것 같지도 않습니
다. 그러나 안내자의 말을 들건대, 이런 데로 20리를 들어가
야 구룡연이라 하니 그 깊고 그윽함을 알 만하외다.

일청대에서 한참을 올라가면 시내를 건너는 곳이 있으니,

---

086   여러 산이 한 골짜기를 중심으로 나란히 모여 있음

큰 바위를 넘어 시내를 건너게 되었으므로 가마가 여기까지 밖에는 못 온다 합니다. 이 시내를 건너서부터는 금강산식 길이니, 차차 나무 그늘이 깊어가고 차차 길이 험하여 갑니다. 매미소리와 시내 물소리에 시끄러움을 참을 수 없는데, 한 큰 바위에 다다라 거기 올라서니 한 번 천지가 열려 집선봉, 불정암, 관음봉 등 봉우리들이 바로 이마에 닿아 보입니다. 이 바위에는 앙지대仰止臺라는 조각 글씨가 있고 그 밑에 서명이 있기로, 흙을 발라 안 보이게 하였습니다.

앙지대에서 남서쪽을 향하고 보면 봉들이 산허리 이하는 안 보이고 머리만 보입니다. 수없는 봉의 머리가 서로 덧업혀 넘겨다보이는 모습이 매우 장엄합니다. 계성루에서 내금강의 봉우리들을 보는 듯합니다. 그러나 시내 소리는 백여 길 밑에서 울려 올라옵니다. 여기서 보면 누구나 앞으로 더 나갈 길이 있는 것 같지 않고 사람이 올라갈 길은 여기서 끝난 것 같습니다. 아마 앙지대란 여기서 우러러만 보고 만다는 뜻인 듯합니다. 그러나 여기서도 구룡연까지는 15리가 넘는다 합니다.

앙지대서 점점 험하여지는 비탈길로 시내를 끼고 올라가노라면 수없는 봉우리와 수없는 골짜기를 만납니다. 내금강의 바위는 흰 것이 특색인데, 외금강의 바위는 검은 것이 특색이외다. 모든 봉들이 다 검은 바위로 되었는데, 마치 철갑을 씌운 듯합니다. 그 철갑을 씌운 듯한 석봉에 구리기둥과 같은 노송들이 도끼를 두려워함 없이 성긋성긋 선 것은 참으로 미관이외다. 계곡물에도 큰 집만한 바위들이 띄엄띄엄 가로막아 앉았는데, 혹 혼자 앉은 놈도 있고 혹 두세 개가 떼를 지어 무슨 음모를 하는 것도 있고, 혹 집채 같은 것 위에 반쯤 걸터올라 앉아서 손가락으로 떠밀기만 하여도 벽력 같은 소리를 지르며 굴러 내릴 듯한 것도 있습니다.

그런데 그놈들도 다 산에서 굴러 내려온 놈이니, 그것이 굴러 내려올 때에는 참 장관이었을 듯합니다. 어떤 바위는 혹은 머리에, 혹은 옆구리에 크고 오래된 혹을 꽂고 앉았습니다. 그런데 그 바위들도 다 철갑같이 검습니다. 다만 물 밑에 깔린 놈만 백옥같이 흽니다. 그리고 흘러가는 물은 녹옥 같이 파랍니다.

외금강의 산용山容과 계곡은 내금강에 비겨 음침하고 험악합니다. 좋게 말하면 남성적이요, 궂게 말하면 악마적이외다. 더욱이 계곡물에 그 특색이 있으니, 땅 밑으로 깊이 흐르는 것과 그 길에 시커먼 큰 바위들이 목목이 지켜선 것이 험하다는 생각을 줍니다. 만폭동은 미인 같지만 구룡연 계곡은 용감한 장부 같습니다.

안내자가 변변치 아니 해서 보내고 새로 맞는 수없는 봉우리의 이름을 아는 것이 몇 개 안 됩니다. 그러나 불도들이 봉우리 이름 짓는 법을 나는 깨달았으니, 구태여 물어볼 필요도 없이 머리 둥그레한 것은 지장봉, 뾰족한 것은 관음봉, 몸이 웅대한 것은 석가봉, 전부 철갑 같은 바위로 된 것은 미륵봉, 넓적하고 드높은 것은 가섭봉, 가늘고 드높은 것은 옥녀봉, 기름하게 생긴 것은 사자봉, 이 모양으로 부르면 큰 틀림은 없는 것이외다.

금강문을 지나 들어갈수록 계곡물은 더욱 아름다워서 옥류동이 가까운 줄을 알게 합니다. 금강산에 금강문이 셋이 있거니와, 아마 이 금강문이 가장 규모가 복잡하고 험하다는 감각을 주는 금강문일 것이외다. 문밖 길을 가로막은 바위 면에는 금강문이라고 큰 글씨로 새겼는데, 그 바위 앞에서 북으로 꺾여 금강문으로 들어가게 되었습니다. 문은 얼른 보면 굴 같은데, 불규칙한 하늘이 만든 층층대를 간신히 더듬어 올라가 어둠침침한데서 다시 서쪽으로 꺾여나가게 되었으니 문을 통과하기에 십여 걸음은 옮겨야 됩니다.

마침 어떤 총독부의 고관이 구경을 온다 하여 많은 인부들이 길을 고르고 있습니다. 그곳을 지나갈 때마다 우리는 알 수 없는 죄송한 생각이 납니다. 우리가 지나간 뒤에서 그네들은 무어라고 지껄이고 웃습니다. 그는 조롱의 웃음인가, 선망의 웃음인가. 자기네가 다른 사람들 구경 갈 길을 닦느라고 땀을 흘릴 때에 한가로이 부부동반으로 구경 다니는 우리의 신세를 조롱도 하고 싶고 선망도 하고 싶을 것이외다.

감사굴監司窟이란 데를 지나서 매우 위태한 큰 바위 밑으로 늘여놓은 철사 줄을 잡고 아장아장 기어 넘으면 계곡의 수려한 풍취가 활개豁開(확 뚫여 열리는) 하는 곳이 옥류동이외다. 병풍과 같은 높이 삼십 척이나 될 바위 면에 '구룡연옥류동문九龍淵玉流洞門' 일곱 자를 초서로 새기고 그 한 끝에 무슨 재식서在植書라 하였는데, 성자는 이끼에 덮여서 몰라보게 되었습니다.

계곡 중간에 십 수 인은 앉을 만한 큰 바위가 있기로 뛰어올라 보니 '천화대天花臺' 세 자가 새겨 있는데, 거기서 보면 지금껏 오던 데와는 딴 세계외다. 여기는 세 골짝이 갈라진 복판이니, 남으로 구룡연, 북으로는 우리가 올라온 데, 서쪽으로는 옥녀봉을 바라보는 골목이외다. 하늘이 넓어지고 물소리가 더욱 크며, 사면으로 엿보는 봉 머릿수를 백으로써 세일 만하니, 이 좁은 골짜구니에 이러한 종합적 경승을 갖춤은 진실로 신기한 일이외다.

남으로 구름 속에 우뚝 솟은 4, 5개와 흰 봉머리를 천화대라 하고, 서쪽으로 동천이 끝나는 곳에 홀로 솟은 가는 봉을 옥녀봉이라 하고, 서북으로 천화대 비슷하게 생긴 10개의 연봉을 시왕봉十王峯이라 하고, 동으로 우뚝 솟은 거무뭉투레한 봉이 오직 조선의 국수國粹[087]를 보존하여 가마바위라 합니다. 이 밖에 이름 없는 봉들도 모두 일종의 특색과 미관을 가져 아무리 보아도 싫은 줄을 모르겠습니다. 그 중에서도 천화대는 반을 흰 구름 중에 감추고 반은 드러내었는데, 그 흰 구름이 오락가락하여 혹 이 봉을 가리우고, 혹 저 봉을 가리워 봉이 몇인지 가리키기를 허락하지 않습니다.

옥류동문 들어서니 동천이 활개로다

외금강 천만 봉이 다투어 엿보올 제

천화대 백운을 풀어 반차면半遮面을 하더라

087 　나라의 순수하고 고유한 정신

일엽연화一葉蓮花가 하늘로서 떨어지니

화판花瓣은 군봉群峯이요 화심花心이 옥류동을

청풍에 선향이 동하노니 연화대인가 하노라

천화대라는 바위 위에 서서 사면에 둘린 봉을 바라보면 그 시계 전체가 한 잎 연꽃과 같습니다. 맑은 바람에 선 향기가 동한다 함도 허사가 아니니, 산 계곡에 보이지 않는 꽃향기를 바람결에 맞습니다.

옥류동 어이하여 옥류라 불렀는고

바위는 백면白面이요 흐르는 물 벽옥이라

벽옥이 백옥으로 흐르니 옥류인가 하노라

물에 닳아진 화강암은 희기가 백옥과 같은데, 그 위로 흐르는 물은 웬일인지 벽옥색을 띠었습니다. 요컨대 옥류동의 특색은 그 복판 바위 위에 서서 사면의 무리진 봉우리를 바라봄에 있고, 특히 천화대의 숭고하고 우아한 자태를 바라봄에 있습니다. 그 경치는 봉우리들을 바라보는 점으로 내금강의 게성루에 비길 것이요, 계곡의 미美로 만폭동, 분설담 근방에 비길 것이외다. 계성루는 난간에 기대어 한편으로 바라볼 것이나, 옥류동은 복판에 서서 고개를 번쩍 들고 몸을 돌려가며 볼 것이외다.

옥류동 시내를 건너 비탈로 십 수 걸음을 올라가면 발 아래 선담船潭이란 것이 보입니다. 만폭동의 선담보다 배 이상이나 큽니다. 이 역시 큰 바위가 물에 패여 선형을 이룬 것이니, 주수관음洲水觀音이 천화대에 피는 꽃을 보러 타고 왔다가 돌아가기를 잊은 배외다.

여기서부터 길은 더욱 험해져서 위태할 지경이 되다가, 마침내 구룡연 제일 가는 어려운 길에 이릅니다. 대단히 위태한 비탈길로 수십 보를 가면 보기만 해도 진저리를 칠 만한 검은 바위 절벽이 있는데, 높이는 30척, 건너갈 넓이가 30여 걸음은 넘을 것이외다. 산중턱에서 저기 저 물살이 센 여울까지 비스듬히 철판 모양으로 깔렸는데 도저히 발을 붙일 곳이 없습니다.

어느 시주施主가 쇠말뚝을 박고 둥근 나무로 4, 50의 층계를 만들고, 그도 부족한지 철봉으로 난간을 만들었는데, 그래도 지나가기에 찬 땀이 부쩍부쩍 나고 썩은 층계 나무가 뒤뚝할 때에는 몸에 소름이 쪽 끼칩니다. 가까스로 중간까지 내려 난간에 몸을 기대고 깊은 계곡을 내려다보면 큰 돌 그릇 같은 것에 맑은 물을 담아 놓은 것이 둘이 있으니, 위의 것이 연주담連珠潭, 밑의 것이 진주담眞珠潭이외다.

물이 푸르고 깊어 그 밑을 볼 수가 없는데, 우리가 한 발만 난간 밖으로 내어놓은즉 곤두박질쳐 그 담에 들어갈 것이요, 들어간 뒤에 그 무서운 소용돌이 속에 영원히 팽이 모양으로 빙글빙글 돌아 다시 떠오를 가망이 없을 것이외다.

여기서부터는 다시 십 수 개의 위태한 썩은 나무 층계를 올라가, 거기서 다시 담벼락 같은 비탈을 미끄러져 내려가, 또 비스듬한 바위 틈바구니로 내려가, 거기서 또 뒤뚝뒤뚝하는 외나무다리를 건너, 또 여울목에 놓인 바위를 성큼성큼 건너뛰어서 이렇게 그 시내를 다 건너고 나면, 또 4, 5장이나 되는 석벽에 철사 줄과 쇠말뚝에 걸어놓은 썩은 나무층계가 있는데, 이것을 간신히 기어올라서 삼림 속을 뚫고 나서면 왼쪽 양 봉우리가 가지런히 선 어깨로부터 철판 같은 바위가 거의 수직으로 내려 깔리고, 한 줄기 가는 폭포가 바람결에 비쳐 가며 어슬렁어슬렁 내려오는 것이 비봉폭포외다.

비가 많이 오면 물이 많다 하지만, 워낙 물 흘러나오는 곳이 짧아서 비가 그치기가 무섭게 이렇게 줄어들고 만다 합니다. 높이는 300척(=약 90m) 이상은 될 듯한데, 폭포 위로 산이 안보이고 오직 흰 구름이 덮인 하늘이 보이니, 더욱 높은 듯한 감각을 줍니다. 비봉폭이란 이름은 그 폭포의 형상이 봉황이 날개를 활짝 펴고 긴 꼬리를 너슬너슬 날리면서 하늘로 날아오르는 듯하다 함인지, 또는 비봉폭의 서쪽 봉머리에 봉암이라는 바위가 있으므로 그런지 알 수 없으나, 앞엣말이 더욱 흥미 있을 듯합니다. 비봉폭 밑을 지나 집같이 추녀 끝을 내민 큰 바위를 지나면 발밑에 보이는 것이 무봉폭舞鳳瀑인데, 수량은 많지만 키가 작습니다.

　무봉폭을 지나 계곡물을 한 번 건너고 비탈을 한 번 돌아 위태한 석벽을 내리면 용정봉龍井峯 북으로 내리는 작은 협곡이 있습니다. 거기 놓인 다리가 연담교淵潭橋인데, 옛날은 한 장의 자연석으로 천연적인 돌다리가 있었다 하나, 지금은 돌다리의 한편 머리가 떨어져 통행할 수가 없고 소나무 서너 개를 철사로 묶어 그것을 대신하였습니다. 그것을 건너 비탈을 돌면 어디선지 모르나 쾅쾅 하는 소리가 산골짝을 울리는 한 굽이 계곡물을 다시 건너, 돌비탈로 수십 걸음을 돌아가노라면 서북편에 허옇고 긴 폭포가 걸린 것이 보이니 이것이 구룡폭이외다. 아아, 너를 찾아서 30리의 험하디 험한 길을 왔다. 병목 같은 골 입구로 들어와 직경 30보나 될 만한 병 속 같은 둥그런 천지를 이루었는데, 삼면이 온통 푸른 나무로 꾸며진 절벽인데 서북쪽으로 검은 바위 절벽이 있고 서쪽 끝에 260여 척(=약 78m)의 구룡폭이 하늘에서 내리달렸습니다.

미끄러운 반석을 조심조심히 걸어 폭포 떨어지는 바로 밑, 즉 구룡연 가에 날아 흩어지는 물방울 냉기의 깊은 못과 폭포 소리의 무서움에 몸을 움츠리고 앉았으니 일종 딴 세계에 온 것 같습니다.

폭포의 굵기는 한 아름이나 될까, 그 내려오는 길이 우묵하게 패여서 거의 위나 아래나 굵기가 같습니다. 한 아름이나 되는 물기둥이 260여 척이나 높게 매달렸으니 그 뛰어난 경관도 상상할 만하거니와, 그 무거운 물기둥이 개벽 이래 밤낮으로 내리찧어 그 굳은 반석에 주위 40여 척, 길이 37여 척이나 되는 둥근 소를 팠으니, 이것이 구룡연이외다.

연못은 짙푸른 색인데 연이어 내려찧는 물기둥의 울림에 항상 굼실굼실 물결이 쳐서 고여 있고, 또 폭포가 수면에 내려찧는 서슬에 물보라가 일어 뽀얀 안개가 수면을 덮었다가는, 이 역시 폭포에서 나는 찬바람에 가끔 가다 그 안개가 반짝 걷히고 아까보다 더욱 짙푸른 수면이 드러날 때에는 참 전신에 소름이 끼칩니다. 이 밑이 안 보이는 깊은 소, 영원히 거둘 수 없는 뽀얀 안개, 영원히 쉴 수 없는 물결, 영원히 끊일 수 없는 쿵쿵쿵 울리는 소리, 진실로 장엄하고 신비합니다. 이것을 구룡폭이라고 부르지 않고 구룡연이라고 부르는 것은 이유가 있으니, 대개 연이 폭보다도 더욱 신비한 까닭이외다.

구룡연이라는 명칭에는 전설이 있습니다.[088] 유점사 자리가 원래 구룡연인데, 거기 부처님이 들어와 절을 창건하시게 되어 아홉 용은 거기서 쫓겨나서 아마 구름을 타고 일출, 월출의 험한 봉우리를 넘어 이 골목으로 들어와서 8용은 8담에 들고 1용은 이 연에 들었다 합니다. 그러면 구룡연이란 9용 중에 아홉 번째 용이 들었다는 뜻인지, 비록 팔담일연八潭—淵에 갈라 있지만 구룡이란 이름을 붙일 곳이 없어서 이것을 구룡연이라고 지었는지, 자세한 것은 9용이 숨어 말이 없으니 알 길이 바이없습니다.

---

088 아홉 용에 대한 자세한 이야기는 유점사를 구경할 시기에 하게 됨

9용이 숨은 뒤로 소식이 끊였으니

천지 풍원이 일 없은 지 오래겄다

용연에 물결이 움직이니 기다릴까 하노라

구룡연 깊은 소리 밑 긴 데를 모를러라

천 길이냐 만 길이냐 영겁에 괸 물이

넘쳐서 흐른다기로 다할 줄이 있으랴

십룡폭 내려찛는 소리 웅장도 한저이고

삼천 대지를 흔들어 깨운 지가

개벽의 첫닭의 소리 날 때부터라더라

  구룡연 넘치는 물을 길어 점심을 먹은 후에 팔담으로 향하였습니다. 팔담은 구룡폭이 떨어지는 바로 위인데 깎아 세운 절벽이라, 날개 없는 인생으로는 올라갈 길이 바이없어 아까 오던 길로 도로 나가 연담교에서부터 다시 비탈길을 기어오르게 되었습니다. 팔담으로 가기 전에 우리는 어리석고 허영심이 많은 자의 영원히 씻지 못할 죄악 하나를 지적하지 않을 수 없습니다. 만폭동에서도 그 아까운 자연을 더럽혀 구역嘔逆나는 꼴을 보았지만, 구룡연까지도 그 유치한 허영심에 희생이 되었습니다.

폭포의 왼 어깨라 할 만한 미륵봉의 머리와 배 부분에 미륵불 세 자를 커다랗게 새기고, 그 곁에는 세존응화世尊應化 몇 천 몇 백 년 해강海岡 김규진金圭鎭 서書라 하였으니, 이만해도 이미 구역이 나려는데 그 곁에는 시주에 누구누구, 석공에 누구누구, 무엇에 누구누구 하고 무려 수십 명의 이름을 새겨 놓았으니, 이리 되면 차마 볼 수가 없어서 눈을 가리고 아까운 대자연의 경치가 파괴된 것을 생각하여 눈물을 흘리지 않을 수 없습니다. 이것이 아주 없어지려면 무슨 천재지변이 없기 전에는 몇 천 년을 지나야 할 것이니, 해강 김규진은 실로 금강산에 대하여 대죄를 범한 자라 하겠습니다.

연담교에서 팔담으로 오르는 길은 아마 금강산 모든 길 중에 가장 험한 길일 것이외다. 거리가 짧기에 망정이지 이런 길이 20리만 되더라도 갈 용기를 낼 자가 적을 것이외다. 불과 15, 6정이라는 이 길도 모두 기운이 질려 구룡연만 보고는 팔담을 안 보고 가는 이가 열 사람 중에 8, 9는 된다 합니다.

마침 우리와 함께 있던 그 지방 노인 한 분이 팔담으로 가느라고 올라옵니다. 그는 지금까지 몇 번을 갔는지 부지기수라 하여 스스로 자랑스러워합니다. 60이나 넘은 노인이 활활 올라가는 것을 보니, 힘든다는 말도 못하고 전속력을 내어 올라갔습니다. 기어오르는데, 매달려 오르는데, 안고 도는데, 아마 대여섯 번이나 아슬아슬한 데를 지나 마루터기에 올라서니 올라선 데가 또한 아슬아슬합니다.

팔담에 올라간다기에 우리가 올라가는 데가 팔담인 줄 알았더니, 팔담은 여기서 아마 3백여 척이나 밑에 보입니다. 우리가 선 데서 팔담까지는 아주 성벽과 같은 절벽인데, 팔담이 다 보이는 큰 바위 위에 올라서서 팔담을 내려다보면 마치 난간에 나서서 아래를 내려다보는 듯하여, 우리 발밑에 있을 산허리는 보이지 않고 허공을 지나 곧 팔담이 내려다보입니다. 아주 현기증이 날 만큼 아슬아슬합니다. 마침 우리와 팔담 사이에는 흰 구름 한 조각이 가로막혔더니, 그것이 점점 서쪽을 향하고 떠올라 바위틈으로 녹아 들어가고는 맑은 산골짜기에 팔담의 어여쁜 자태가 분명히 드러납니다.

한 줄기 계곡물이 구름과 전나무 숲 사이로 나와 서남에서 북을 지나 동남으로 굽은 활모양을 그려 협곡의 너럭바위 위로 흘러 구룡폭이 되어 떨어지는 약 백 걸음 동안에,

구슬 꿰미 모양으로 둥그레한 담 여덟 개가 거의 비슷한 간격을 두고 이뤄졌습니다. 제1담이 가장 작고 점점 커 내려오다가 제5, 6, 7담에 이르러 가장 커지고, 제8담에는 다시 좀 작아졌다가 댓 뺌이나 되는 목을 굴러 넘어 구룡폭이 되었습니다.

기실은 8담 외에 다시 2담이 있어 합해 10담인데, 그 2담은 작아서 수에 안 넣었는지, 또 내산팔담內山八潭이니 외산팔담外山八潭이니, 소상팔경瀟湘八景[089]하는, 8자를 좋아하여 안 넣었는지, 또는 조그마한 2담은 팔담이란 이름이 생긴 뒤에 생긴 것인지는 알 수 없습니다.

8담 중에는 깊어서 물 밑이 안 보이는 것이 반이나 되고, 돌과 모래에 묻혀 얕아진 것이 반이나 됩니다. 그리고 그 8담이 온통 동일한 반석에 패인 것과, 그 모양과 크고 작은 비율과 바위 빛과 물의 맑음과, 모두 심히 아름답게 조화가 되고 통일이 되어 아름다운 한 예술품을 이뤄 놓았습니다. 그 돌과 모래로 메워진 것을 파 놓았으면 좋겠지만, 자연이 그 필요를 인정하는 때에는 일순간에도 할 수 있는 일일 것이나, 내가 참견할 것이 없다하면서도 그 메워진 것이 맘에 걸립니다.

팔담의 물줄기가 서쪽으로 흘러 내려오는 계곡물이지만, 제1담에서 조금 들어가서 한 번 구부러진 뒤에는 어찌 되었는지 눈에 보이는 것이 전나무 숲과 흰 구름뿐이니 알 길이 바이없고, 안내자에게 물어보면 거기서부터 위는 감히 인적이 닿을 수 없는 곳이라 아직 본 사람이 없다하며, 거기는커녕 팔담에도 아직 인적이 미처 보지 못하였다 합니다. 말하자면 사람이 볼 수는 있지만 가 닿을 수는 없는 영지靈地외다.

팔담의 묘미가 또한 여기 있으니, 3백 척이나 공중에서 내려다볼 뿐이므로 그것이 실물같이 보이지 않고 마치 그림을 들여다보는 것 같으며, 이 담에서 저 담으로 물이 흘러간다면 흘러가는 것도 같고 안 흘러간다면 안 흘러가는 것도 같은데다가, 이따금 난데없는 손바닥만한 흰 구름이 나와 제1담을 가리고 혹은 제2담을 가리고 하는 것이 마치 뜻있는 자의 희롱같이 보여, 아무리 보아도 신비하여 그 진경을 포착할 수가 없습니다.

여기서 멀리 서편을 바라보면 비로봉의 웅장한 자태가

구름 사이에 파묻혀 있고 남으로는 채하彩霞(=고운 놀), 집선集仙의 연봉, 기타 구룡연 골목으로서 대표하는 북동 금강의 전경이 눈 아래 펼쳐지며, 구름이 터질 때마다 동해의 푸른 파도도 번뜻번뜻 보입니다. 여기 올라오는 것은 결코 다만 팔담만 보려고 오는 것이 아니요, 실로 외금강의 북반부 되는 북동 금강의 전경을 보기 위함이외다. 그러므로 구룡연에 와서 팔담을 아니 보는 것은 내금강에서 망군대에 오르지 않음과 같습니다.

우리가 서서 보는 바위에서 서쪽으로 몇 걸음을 올라가면 바위 위에 세숫대야 모양으로 어여쁜 타원형으로 패여진 것이 있으니, 긴 지름이 오촌五寸(=약 15㎝)은 될까, 거기에는 물이 고이고 조그마한 청개구리 하나가 들어앉았습니다. 대체 이놈이 어찌하여 어떻게 이런 높은 데를 올라왔는지 실로 이상합니다.

혹 소나기가 퍼부을 때에 붕어가 내려온단 말을 들었거니와, 이놈도 개구리가 된 뒤에 여기를 올라왔으리라고는 생각할 수 없고, 그것이 알일 적에 구름이나 새의 발에 묻어 올라왔다가 여기서 까서 개구리가 된 듯합니다. 아마 이놈은 일생에 다른 개구리란 것을 구경도 못하고 나면서 산꼭대기

에 유폐한 몸이 되어 어찌 된 셈을 모르다가 죽어 버리고 말 것이외다. 진실로 기구한 팔자외다

안내자의 말을 듣건대, 이 돌 세숫대야는 옛날 선녀들이 세수하고 화장하던 것이라 합니다. 옛날 아직 이곳에 사람 다니는 길이 나기 전에는 하느님의 딸 되는 팔선녀八仙女가 가끔 목욕하러들 내려왔다 합니다. 맏딸 아기는 제1담에, 둘째는 제2담에, 이 모양으로 여덟 담을 하나씩 차지하고 목욕을 한 뒤에, 여기 올라와 이 대야에 세수하고 화장하였다 합니다. 그러나 여덟 선녀들이 목욕하러 내려오지 않게 된 데에는 그럴 듯한 까닭이 있습니다.

구룡연 저 밑에, 그것도 옛날에 한 총각이 있었는데 잣과 버섯과 풀뿌리를 먹고 살더랍니다. 하루는 겨울 준비로 나무를 하고 있는데, 어떤 사슴 하나가 사냥꾼에게 쫓겨와 숨겨주기를 청하였습니다. 그 총각은 불쌍해서 나뭇단 속에 숨겨주었습니다. 사슴은 그 은혜를 감격히 여겨 총각에게 소원을 물었는데, 그 총각은 아름다운 아내가 소원이라 하였습니다.

사슴은 그 총각을 끌고 팔담에 올라와 한창 지껄이며, 목욕하는 여덟 선녀를 보이면서 이 중에서 제일 마음에 드는

선녀의 옷을 감추라 하였습니다. 총각은 사슴의 말대로 둘째 선녀의 옷을 감추고 바위 뒤에 숨어서 기다리고 앉았더니, 이윽고 하늘에서 무지개 사다리가 내려와 일곱 선녀는 다 제 옷을 찾아 입고 올라가고, 둘째 선녀는 옷이 없어 엉엉 울었습니다.

이때에 총각이 옷을 가지고 나서며 "나하고 같이 살자" 하여 그날부터 부부가 되어 아들도 낳고 딸도 낳았으나, 그래도 선녀의 속 허리띠 하나는 사슴의 말대로 감추고 보이지를 않았습니다. 아들이 3형제, 딸이 3형제가 된 뒤에야 비로소 안심하고 그 허리띠를 주었는데, 선녀는 그날 총각이 잣 따러 간 사이에 아이들을 다 데리고 하늘로 올라가버리고 말았습니다.

총각은 울면서 팔담으로 헤매고 다니니 그때 사슴이 나와서 말하기를, 그 일이 있은 후로부터는 여덟 선녀가 목욕하러 내려오지 아니하고 칠월 백중날 하늘에서 긴 두레박을 내려 보내어 구룡연의 물을 떠올려다가 목욕을 하게 되었으니, 그날 구룡연에 와서 기다리고 있다가 두레박을 타고 하늘에 올라가라고 가르쳐 주었습니다. 총각은 그 말대로 두레박을 타고 하늘에 올라가서 하느님의 사위가 되어 잘 산

다는데, 지금도 백중날이면 은두레박 줄에 금두레박이 구룡
연에 내려와 물을 떠 올려 그 두레박에서 쏟아지는 물에 백
중비가 온다 합니다.

팔선녀 안 오시니 팔담이 비었거늘
수면에 이는 바람 선향仙香은 어인 일고
그날에 씻은 향한香汗이 응불류凝不流를 함이러라

선녀의 뺨 씻은 물에 청개구리 어인 일고
몸이 한 번 잠긴 후로 나올 줄을 모르노라 천지가 변타하여도
못 나올까 하노라

보광암普光庵 ~ 동석동動石洞

작년 금강에 들었다가 내금강과 동북 금강을 보고는 동남 금강을 안 보고 돌아오게 되었습니다. 그것은 단풍의 금강을 볼 기회를 남겨두려 함이었습니다. 그러나 교직敎職에 매인 몸이라 좀처럼 단풍시절에 여가를 얻기가 어려워 작년 1년을 그냥 보내니, 그리운 금강을 못 보는 울울蔚蔚한 생각을 누르기가 자못 어려웠습니다. 그러다가 하기휴가가 되니, "어라, 단풍의 금강은 팔자 좋아진 후에 보기로 하고 여름 금강이나마 못 본 데를 마저 보자" 하여, 영호노사映湖老師로 인로지보살引路之菩薩090을 삼고 박군 현실, 이군 병기 양 친구와

---

090   길 안내 보살

더불어 네 명이 일행을 만들어 원산, 장전을 거쳐 두 번째 금강에 들어 신음사神陰寺의 보광암에 투숙하게 되었습니다.

보광암 주장主丈 되시는 월하月河 노사는 동행인 영호노사의 사형으로, 우리 일행이 온다는 이야기를 이미 듣고 백발동안白髮童顔의 얼굴로 두셋 소년 승려를 거느리고 봉당 앞에서 우리를 기다립니다. 마침 비가 올 듯 말 듯한 날 황혼이라 노인께서 높이가 귀를 지나가는 석장錫丈에 의지하여 몸이 무거운 듯 잠깐 허리를 굽혀 서서 바라보는 모습이 진실로 당당합니다.

우리 일행은 월하 노사의 가장 친절히 대하는 빈객이 되어 아침부터 담화를 시작하여 저녁에 이르고, 저녁에 또 담화를 시작하여 밤이 깊은 것을 잊어버렸습니다. 그러므로 비록 큰 장마를 만나 사오 일을 보광암에서 계속 머물렀으나 조금도 갑갑한 줄을 모르고 심히 유쾌하였습니다.

혹 먼저 자려고 방에 들어와 누우면 마루에서 양 노사의 담소하는 소리가 빗소리 사이로 흘러 들어오고, 그 중에 간간이 우스운 소리가 한두 마디 분명히 들릴 때에 나는 자다 말고 혼자 웃기를 금치 못하였습니다. 육십 평생을 구름과 물의 행적처럼 세상의 고락을 꿈에도 생각지 않던 양 노승의 욕심 없는 뇌리에도 여전히 우리와 다름없고 눈물과 웃음이 남아 있구나 하면, 한껏 신통도 하고 또 한껏 처량도 합니다.

비는 계속 퍼부어 잠시도 쉴 새가 없는데 우리는 우스운 이야기, 슬픈 이야기, 승려 이야기, 정승 이야기, 금강산에 불공오던 정승 댁 마님 이야기, 의병 이야기, 일병日兵 이야기, 죽을 뻔하다가 살아난 이야기 등 끝없는 이야기로 세월을 보내고, 혹 이야기가 일시 끊어져 휑뎅그레 빈 옛 절에 승려가 낮잠 자노라고 코 고는 소리와, 쏴 하고 구룡연에서 몰아 내려오는 소나기 소리밖에 안 들릴 때에는, 불공도 외우고 명상도 하고 시구詩句도 생각하였습니다.

사람이란 가끔 이러한 시간도 가져야 할 것이라, 인생의 모든 의무와 애태우는 생각도 다 잊어버리고 적나라한 몸이 빈 산에 앉았을 때에, 나는 아무 장식 없는 나의 자신과 마음을 보는 듯합니다. 부귀는 무엇이며 공명은 무엇이며 또 빈천은 무엇이며, 국가는 무엇이요, 고락은 다 무엇인가. 천지도 그저 유유悠悠 하고 물소리와 산빛은 그저 한가하구나.

나라고 하는 한 생명이 유유한 천지간에 태어났으니, 그 몸이 한 점 바람과 같고 마음이 한 점 구름과 같고 스러져감이 봉머리에 안개와도 같다. 아아, 이러고 저러고가 다 무엇인가. 이러한 생각이 납니다. 그러할 때에 승려의 신세가 부럽고 황혼의 종소리가 그리워집니다.

더욱이 밤이 깊어 노승들까지도 다 잠이 들어 버리고 천지에 오직 빗소리와 물소리만 남았을 제, 나는 몇 번이나 홀로 마루 끝에 앉아 한없이 깊고 한없이 먼 명상의 나라로 방황하였던고. 그동안에 산비는 몇 차례나 지나갔으며 구름은 몇 차례나 모이고 흩어졌는고. 마침 음력 유월 보름께라 뭉게뭉게 동서로 남북으로 일 있는 듯이, 일 없는 듯이 달리는 구름 틈으로 밝은 달은 몇 차례나 명상에 취한 나의 야윈 얼굴을 비추었던고. 분명히 천지는 그 동안에 몇 겁劫을 지났을 것입니다.

옛 절에 밤 깊으니 풍경소리뿐이로다

노승의 염불성念佛聲도 끊인 지 오래거든

산비만 비인 뜰 가로 오락가락

바람은 어이하여 만고萬古에 불어 있고

구름은 무삼 일로 팔방으로 달리는고

두어라 천지의 일이오니 보고 놀까 하노라

첩첩이 쌓인 검은 구름을 뚫고 솟는 저 명월아

만 리 강산을 두루 다 비추거든

어찌다 이내 방장方丈은 밝힐 줄을 모르는고

계해(1923) 7월 29일 밤

가슴에 구름같이 피어오르는 생각을 적을 길이 바이없으니, 이 노래 세 마디를 읊었거니와, 노랜들 어찌 이를 다 그리며, 글인들 어찌 이를 다 기록하랴. 금강산 산비는 깊은 밤에 홀로 앉아 명상하는 한 '사람'의 흉중을, 독자여 알아볼 이는 알아보소서. 안 들던 잠이 겨우 꿈을 맺으려 할 때에는 벌써 젊은 중의 새벽 목탁소리가 들립니다. 벌떡 일어나 마루에 나서면 어스름한 속으로 오르락내리락하면서 중얼중얼하는 모습이 그림자 모양으로 희미하게 보입니다. 딱딱딱 하는 목탁 소리의 한없이 신비한 맛은 오직 들어본 이라야 알 것이요, 또 깊은 산중 조그마한 암자에서 아직 먼동도 트기 전에 중의 모양은 안 보이고, 딱딱 하는 목탁소리와 거기 맞춰 높았다 낮았다, 끊일 듯 안 끊이는 주문소리를 듣는 맛은 오직 아는 이나 알 것이외다.

얼마를 오르내리며 목탁을 두드리다가 그 중은 종 곁으로 가서 땅땅 하고 종을 울립니다. 종을 울릴 때에도 외우던 경이 있으니 그것은 이러합니다. 보시면 다 아실 것이지만 하도 그 뜻이 좋으니 우리말로 옮겨 볼까.

> 맑은 소리 구름 뚫고 자주 귀에 들리오니
> 광음이 빠른 줄을 그때마다 깨닫도다
> 크게 치고 작게 치니 다 까닭이 있사오며
> 두 번 울고 세 번 우니 모두 때를 아룀이라
> 원컨대 이 종소리 법계를 두루 울려 지옥의 구석까지
> 모조리 맑혀지다
> 삼도三途 비록 괴로워도 도산刀山도 깨뜨리고
> 일체 중생 이 정각正覺을 이루소서.

새벽에 울리는 종은 깨라는 종입니다. 삼계중생三界衆生아, 다 깨어 일어나라. 또 하루 새날이 왔도다. 어저께 못 건진 몸을 오늘에 건질지어다. 원컨대 이 종소리에 깨어난 일체중생이 한결같이 정각을 이룰지어다, 하는 축원입니다. 그러다가 그 날 하루도 다 가고, 또 하루의 죄업을 짓기에 몸과 맘

이 지친 중생이 피옷을 입고 손을 들고 보금자리로 돌아올 때에 저녁 종이 또 웁니다. 가엾은 중생아, 고요히 쉬일지어다, 하는 축원입니다. 이렇게 크게 치고 작게 치고와, 두 번 울고 세 번 울고 세월이 급류와 같음을 아뢰고, '일체중생성정각一切衆成正覺[091]'을 축원하는 동안에 종을 치던 자도 가 버리고, 종소리를 듣고 축원을 받던 자도 가버리고 종소리만 영원히 남아 구슬픈 축하를 드립니다.

보광암에 머무른 지 닷새 만에 오후나 되어서 구름이 터지고 해가 났습니다. 우리는 영호노사를 따라 신계사에서 약 10리나 되는 동석동 구경을 갔습니다. 길이 넘는 풀 속으로 가는 길이 고생스럽다 하여 여간한 관람객은 동석동을 찾지 않고 지나간다는데, 영호노사는 동석동과 발연곡鉢淵谷을 반드시 보아야 한다고 주장하므로 우리도 그것을 반드시 볼 생각이 난 것입니다.

헤어나기 어려운 풀숲에 헤어 오르니, 연꽃 봉오리 같은 연봉이 이마에 맞닥뜨리는 곳이 동석동입니다. 물은 수십 칸 넓이나 되는 너럭바위 위로 흐르는데 거기 비스듬히 드

---

091 모든 중생이 깨달음을 이루는 것

러누우면, 소위 동석동 육육봉六六峯이라는 30도 되어 보이고 40도 되어 보이는 기괴한 봉머리가 가슴에 흰 구름을 두르고, 하늘을 뚫고 굽은 활 모양으로 둘러서고 그 연봉이 끝난 곳에는 동해의 쪽빛보다 푸른 물결이 보이며, 다시 맑은 계곡의 상류를 우러러보면 한없이 깊은 듯한 산골짜기에 수없는 기괴한 봉우리들이 다투어 엿보며 우리를 부르는 듯합니다. 진실로 금강산 경치 중에 독립한 특색을 가진 풍경이니, 맑은 계곡에 누워 푸른 바다를 굽어보는 경치는 심히 희한할 듯합니다.

너럭바위 위에 높이 5척, 둘레 30척이 될 바위 하나가 있으니, 그것이 밑에 깔린 너럭바위와 접한 데가 거의 한 점이라 할 만하여 마치 닭의 알을 소반 위에 놓은 듯한데, 사람이 이 바위를 흔들면 흔들린다하므로 우리도 일행이 힘을 합하여 흔들어 보았으나, 흔드는 우리 몸이 흔들리는 까닭인지 그 바위가 흔들리는 줄을 알지 못하여 실망하였습니다. 후에 들은 즉 그 바위에 지팡이를 기대어 세워 놓고 그 바위를 흔들면, 지팡이 흔들림을 보아 그 바위가 흔들림을 안다고 합니다. 그러나 이 말을 들은 것은 동석동을 보고서 돌아온 뒤라 애석하기 짝이 없거니와, 이 글을 읽는 이는 동석동 갈 때에 지팡이 세울 것을 잊지 말기를 바랍니다.

이 바위가 움직이는 돌이어서 이곳을 동석동이라고 불렀다는데, 이곳이 양봉래가 가장 사랑하는 데가 되어 말년을 동석동에서 마쳤다 하나, 어디다가 집을 짓고 살았는지는 지금은 알 수가 없습니다.

동석동 육육봉을 아는 이 양봉래야

그 사람 가온 후에 찾는 이 끊었으니

봉두峯頭에 거니는 백운도 공거래空去來를 하더라

유점사 楡岾寺

동석동을 보고 돌아온 날 밤에 다시 비가 내리기 시작하여 이튿날 아침이 되어도 끊일 줄을 모릅니다. 오늘은 발연곡으로 들어 발연에서 줄달림 목욕을 하고, 적멸암 터를 넘어 산길로 송림굴을 지나 작소대鶴巢臺를 넘어 유점으로 향하려 하였더니, 이렇게 비가 와서는 물을 건널 수가 없으므로 도저히 발연에 들어갈 수가 없고, 또 설혹 발연까지는 간다하더라도 거기서 송림굴까지는 길도 분명치 못한 무인지경이요 하늘에 닿은 높은 고개인즉, 만일 한번 길을 잃으면 얼어 죽을 위험이 있다고 하며 월하 노사와 다른 승려들은 굳이 만류를 합니다.

"얼어 죽어요?"하고 내가 놀라는 말로 물은 즉, 한 스님이 예상했던 모양으로 미소를 지으며 "네, 오뉴월에 얼어 죽습니다" 하고 얼어 죽는 연유를 말합니다. 산에서 길을 잃어 날은 저물어, 비는 내려 옷이 젖어 속은 비어 차차 추워서 떨리다가 죽으니 얼어 죽는 것이 아니냐 합니다. 추워 죽으니 아닌 게 아니라 얼어 죽는 셈이외다.

오뉴월에 얼어 죽을 필요도 없으므로 마침내 발연 구경을 단념하고 큰길로 유점을 향하기로 결정이 되어 비를 무릅쓰고 떠났습니다. 월하 노장은 비가 오는데도 불구하고 동구까지 우리를 전송하였는데, 우리가 동구를 나서자 비가 쏟아지기 시작하여 우비로는 여간해서 어찌할 수 없으므로, 우산도 다 걷어치우고 속으로 계속 이마에서 흐르는 물을 걷어 가면서 고성 큰길로 나아갑니다.

길 중간쯤에서 삼일포三日浦에 들어 빗속의 삼일포를 한 번 다시 보고 날이 어두워서야 구령狗嶺(=개재) 및 백천리百川里에 다다르니, 시장은 하고 다리는 아파서 걸음을 옮길 수가 없는데다가, 연일 큰비에 백천리 개천에 물이 불어 건널 도리가 없으므로 그날 밤을 거기서 자기로 하였습니다.

이날 지리한 길을 빗속에 허덕허덕 걸어서, 금강의 깊은 산을 찾아올 때에 자연히 마음이 산란해짐을 금치 못합니다. 일행은 혹은 앞서고 혹은 뒤떨어지고, 나 혼자 혹은 풀 깊은 외딴 고개를 넘고 혹은 물소리 울려오는 냇가를 스치고, 조는 듯한 외로운 시골집을 지날 때에 이것이 마치 내가 걷는 인생길 그것인 듯하여 "어디로 가나, 무엇하러 가는고?" 하는 한탄을 금하기가 어렵습니다. 내 생명인들 몇 날 몇 날이리, 몇 날 안 되는 이 생명이 끊일 때까지 한없이 방향도 없이 표류할까나 하는 공상도 생깁니다.

진실로 유유悠悠[092]한 우주에 비하면 하루살이보다도 작고 짧은 생명이, 무엇을 구하노라고 악착하고 급급할 줄이 있으랴. 홍진만장紅塵萬丈[093]의 명리세간名利世間[094]을 떠나 푸른 산과 흰 구름으로 벗을 삼을까나 하는 동경도 생깁니다. 이렇게 생각하면 한껏 설운 듯도 하고 또 한껏 유쾌한 듯도 하여, 하염없는 한숨을 짓고 고개를 들어 검은 구름에 싸인 청산을 바라봅니다.

금강이 어디더냐 관동팔경은 어디어디

청산도 끝없다마는 녹수도 끝없어라

---

092 아득하고 멀고 오래된
093 속된 세상
094 세간의 명예와 이익

이 중에 운수종적雲水蹤迹도 끝날 줄을 몰라라

계해 7월 30일

　백천리에서 하룻밤 묵고 일찍이 외원통동外圓通洞을 찾아
드니 산비는 비비靠靠095히 끊일 줄을 모르고, 골짜기는 흰
구름에 잠겨 수십 걸음 앞도 보이지 않는데, 들리는 것은 송
림에 비 뿌리는 소리와 찬 계곡에 물 울어 예는 소리뿐이외
다. 송림이 흰 구름 속에 숨고 맑은 계곡도 구름 속에 숨었
으니, 소리를 들어 비로소 송림과 맑은 계곡이 있음을 알 뿐
이외다. 어쩌면 이렇게도 운무가 끼나.

　원통동 깊은 골을 우중에 찾아 드니
　두루 다 백운이 제 청계성淸溪聲 뿐이로다
　송림松林096에 범종도 끊였으니 갈 곳 몰라 하노라

계해 7월 31일

095　세차게 내리는 비 모양
096　폐사한 절 이름

백천리에서 10여 분을 올라가면 선담이 있으니, 만폭동의 선담보다 더 웅장하고도 아치가 있습니다. 선담에 또 얼마를 올라가면 모두 돌로만 지어 놓은 조그마한 가옥이 있고, 그 집 뒤에 나무는 없고 풀만 우거진 넓은 터가 있으니, 옛날에는 이름 있던 송림사[097] 빈 터라 합니다. 송림사를 지나서부터 비가 더욱 큰비가 되어 눈코를 뜰 수가 없는데, 천신만고로 원통암에 다다르니 하늘에 닿은 듯한 노장봉 밑이요, 오성대悟性臺, 학소대鶴巢臺의 맞은편입니다.

마침 주승主僧이 영호 노사의 이름을 듣고 반겨 맞아 손수 점심을 준비하고 유공불급喻恐不及[098]하게 우리를 환대합니다. 점심이 들어올 때에는 주인 되는 화상은 온몸에서 물이 흐르도록 옷이 젖었습니다. 그 빗속에 밭에 가 채소를 뽑아 오고 나무를 안아 들이고 하느라고 이렇게 비를 맞은 것입니다. 그 밥을 받아먹을 때에 진실로 감사함을 금할 수 없었습니다. 비는 끊일 새가 없어 앞 개천 물은 더욱 늘어갈 뿐입니다 어떻게나 물소리와 빗소리가 요란한지 밤에 잠을 이루기가 어려웠습니다.

---

097 일명 송림굴
098 정성이 미치지 못할까 두려워함

비는 오고 길을 떠날 수는 없어 이야기를 시작하다가 한
있는 이야기도 다 끝이 나서 모두 낮잠들을 잘 때에, 나는 불
단 위에 있는 화엄경을 내려 되는대로 읽었습니다. 마침 손에
잡힌 것이 십지품+地品입니다. 나도 비록 부처의 지혜를 구하
는 마음이 벌이 꿀을 구함과 같고 갈증에 감로를 구함과 같거
니와, 공중의 채색화와 같고 공중의 바람과 서리 같아서 어려
움 속에서 열 가지 지혜, 즉 환희지歡喜地[099], 이구지離垢地[100], 발
화지發火地[101], 염혜지焰慧地[102], 난승지難勝地[103], 현전지現前地[104],
원행지遠行地[105], 부동지不動地[106], 선혜지善慧地[107], 법운지法雲
地[108], 불지혜를 깨달을 만한 금강심이 없으니 어찌합니까.

금강장보살도 대중을 향하여 십지+地의 명목名目만 열거
하고는 어려운 이치를 말하므로 도리어 맘이 약한 중생이
의혹이 생겨나 긴 밤에 잠도 못 이루고 괴로워하다가 마침

---

099 보살이 지혜를 구하는 마음을 일으킬 때 부처가 되는 성질이 갖추어져 환희를 낳는 자리
100 중생을 가르쳐 인도하는 자리
101 지혜가 빛나는 자리. 발광지라고도 한다
102 지혜가 활활 타오르는 자리
103 어떤 것에도 지지 않는 자리로 중생에 대한 자비심을 일으키는 자리
104 공의 세계가 그대로 드러나는 자리
105 번뇌가 작용하지 않는 자리
106 세간 출세간의 마음이 움직이지 않는 자리
107 현실을 관찰하는 지혜의 자리
108 불법을 몸으로 받는 자리

내 악도에 떨어지기가 쉬우니, 그러므로 차마 말하지 않노라 하였습니다.

이튿날 아침나절이 다 지나도록 기다려도 앞 개천을 건널 길이 없으므로 우리는 넓은 목을 찾아서 백천리로 도로 내려왔습니다. 그러나 백천리에도 아직 물이 높아 건널 수가 없으니 어쩔 수 없이 냇가 주막에 점심을 시키고 건널 때가 되기를 기다릴 수밖에 없습니다. 부질없이 냇가로 드나들다가 마침내 단념의 안심을 가지고 무료한 시간이나 보내자고 운을 내었습니다.

각각 하나의 율시를 얻으니 영호 노사는 '아침까지 쓴 비가 내려 산천이 어두워지고 / 한강을 건너려 하니 비취빛이 이누나 / 언덕을 울리며 들려오는 물소리 거세니 / 푸른 하늘 볼 수 없음을 한하노라'[109]이라 하였고,

임당 이군은 '송림에서 하루를 묵고 백천에 이르니 / 여관의 아이놈은 밥을 짓느라 푸른 연기를 일으키네 / 다리는 무

109   連朝苦雨暗山川 연조고우암산천 欲渡寒江立翠烟 욕도한강입취연 獲岸鳴瑞喧耳
窮 복안명단원이궁 恨無淸翠背靑天 한무제취배청천

너지고 물살이 거세 건널 수 없는데 / 산비만 내려 정오의 하늘을 가리네'[110]이라 하였고,

내 것은 글이라 할 수도 없으니 여기 적는 것도 부끄러운 일이어니와, '금강산을 찾기 위해 백천에 이르러보니 / 영산의 만곡이 구름 같은 연무에 갇혀 있네 / 한 열흘 내린 비에 차가운 계곡에 물이 불어나니 / 어찌 신선이라도 동천에 들 수 있으리오'[111]이라 하였습니다.

오후 2, 3시가 되어도 물은 빠지지 않고 비는 잠시도 쉬지 않으니 일행의 마음은 자못 초조합니다. 마침내 하류 넓은 목으로 내려가 험난을 무릅쓰고 금일 내로 유점에 도착하기로 결심하고, 빗속에 백천리를 떠나 5리나 엊그제 온 길을 도로 걸어 내려와 의지가 강한 월천군趣川軍[112] 하나를 얻어 앞세우고 살같이 빠른 여울을 건너갑니다. 발 한번만 잘

---

110 一宿松林到百川 일숙송림도백천 店兒乞米坎靑煙 점아걸미취청연 橋崩水激不能
　　　渡 교붕수격불능도 山雨靠靠正午天 산우비비정오천
111 爲訪金剛到百川 위방금강도백천 靈山萬曲鎖雲煙 영산만곡쇄운연 一旬積雨寒溪
　　　漲 일순적우한계창 安得仙槎楼入洞天 안득선루입동천
112 내나 개천을 건네주는 이

못 디디면 물을 잔뜩 먹을 판이니 그 아슬아슬함이 비길 데가 없습니다. 눈을 부릅떠 물을 들여다보고 걸음발 타는 어린아이 모양으로 비틀비틀 발을 옮겨 놓을 때, 사람들은 모두 반쯤 허리를 굽히고 한 마디 말이 없습니다.

한 개천을 무사히 건너고 둘째 개천에 다다르니, 너비는 전 것보다 작으나 물의 빠르기는 그보다 더합니다. 영호 노사가 그 짧고 뚱뚱한 다리를 서너 번이나 덥적덥적 옮겨 놓더니, 그만 물에 밀려 무엇을 따라가는 사람 모양으로 껑충껑충 너덧 걸음이나 흘러내려가는 것을, 끄나풀로 북두[113]를 단단히 동인 월천군의 힘으로 가까스로 건져 내오니 영호 노사는 놀라지는 않았겠지만, 잠깐 부끄러웠던지 빙그레 웃고 우리도 물속에 박아 놓은 말뚝 모양으로 다리는 옮겨 놓지 못하고 팔만 부질없이 내두르면서 웃기는 웃었으나, 아직 선정禪定의 공부가 없는 마음이라 조마조마하기 그지없습니다.

아무려나 일행 중에는 하나도 축은 나지 않고 그 무서운 강을 건너 미치광이 도망꾼 모양으로 물을 줄줄 흘리면서 천신만고로 개재 큰길에 당도하였습니다. 벌써 오후 네 시는

---

113 말과 소의 등에 실은 짐을 배와 한데 얼러 잡아매는 밧줄

지났는데 이제 하늘에 닿은 삼십 리 큰 고개를 넘어야 합니다. 처음 얼마는 예사 고갯길과 같더니 굽이를 여남은 번이나 건너 올라가서부터는 깎아 세운 절벽, 우거진 삼림 속인데 길이 오불꼬불하여 하늘로 향하였습니다. 비는 그쳤으나 안개가 자욱하여 지금 올라온 길도 안개 속이요 앞으로 올라갈 곳도 안개 속이라, 우리는 마치 흰 구름 가운데 높이 뜬 것 같습니다.

바람도 없건만 가끔 가다가 안개 장막이 터지는 서슬에 혹은 황혼에 잠긴 신비한 처녀림의 한 조각도 내려다보이고, 혹은 뾰족뾰족한 산봉우리도 잠깐 고개를 드러내며, 혹은 은빛 같은 폭포도 먼빛에 번득거립니다. 하늘에 까맣게 닿은 듯이 우러러보이던 봉우리들이 발밑으로 까맣게 내려다보이기를 수십 차례 하다가 아주 황혼 빛이 깊어진 때에야 우리는 황량한 개재 정상에 올라섰습니다.

여기는 벌써 교목이 끊어지고 관목림뿐인데, 청명한 날 같으면 동해의 푸른 파도와 금강의 연이은 봉우리가 바라보인다 하나 지금은 눈에 보이는 것이 오직 막막한 운무와 황혼뿐이요, 귀에 들리는 것이 졸졸졸 하는 실시내 소리와 벌레소리뿐이외다. 여기서도 유점이 10리라 하니, 고개 밑에서

20리를 기어오른 셈이라 이제부터는 비스듬히 내려가는 길이라 합니다.

정상에서 수십 걸음을 내려오니 외로운 주막이 있는데, 거기는 물에 막혀 오도 가도 못하는 몇몇의 객인客人이 있어 우리를 보고 물 소식을 묻습니다. 아마 내일 이른 아침에는 출발할 듯합니다.

거기서부터 깊은 삼림 속으로 달음박질을 하여 노루목이를 탁 넘어서니 그동안 장마에 살이 찐 한 줄기 찬 계곡이 소리를 치며 황혼에서 황혼으로 달려 내려가는데, 우리의 길은 그 냇물에 잇대어 혹은 석벽의 위기를 돌고, 혹은 급여울의 나무다리를 건너 캄캄하게 어두운 밤 8시경에야 유점사에 도달하였습니다.

주지 일운-雲 화상의 호의로 정결한 방에 들어 그날 밤을 편히 쉬고, 이튿날 동방에 이름 높은 유점사의 오십삼불五十三佛과 기타의 보물을 보았습니다. 이른바 느릅나무 뿌리를 거꾸로 세우고 그 가지 위에 53염불念佛을 나란히 세운 것이니, 그 중에 몇 개는 도적에게 도둑을 맞고 지금 있는 것은 53불이 못 된다 합니다. 이 오십삼불에 관한 전설을 『유점사지楡帖寺誌』에서 찾건대,

부처께서 세상에 계실 때 성 안에 머무셨는데 9억 가구의 사람들 중에 3억 가구는 부처를 보고서 불법을 들었고, 3억 가구는 불법을 듣기만 하고 부처를 만나지는 않았으며, 3억 가구는 듣지도 않고 만나지도 않았다……. 부처를 만나지 않은 3억 가구에 애환이 끊이지 않자 문수보살이 이들에게 가르치길 "부처를 성스럽게 하는 데는 불상을 주조하여 공양하는 것 만한 것이 없다"고 했다. 그리하여 이들 3억 가구는 각자 불상을 하나씩 주조하기로 하고 금을 모아 태웠는데, 불에 들어가 위로 솟아오르는 것은 받아들이고 그렇지 못한 것은 되돌려주었다. 이리하여 각자 나온 금을 가지고 불상을 만들었는데, 어떤 것은 크기가 모자라고 어떤 것은 남았다. 불상을 만들고 나서 종도 만들었는데, 제대로 모양을 갖춘 불상 53개를 골라 이 종 안에 넣고 이 일을 문자로 기록하여 덮은 다음 뒤집어서 바다에 띄우며 "본사 석가 불상 53개가 인연이 있는 국토에 두루 퍼지기를 원하노라"고 축원하였다.

라고 하였으니, 금불조성의 유래를 말한 것이요, 또 그중에서 상호相好가 완비한 것 53을 택하여 종을 바다에 띄우고 인연 있는 국토에 왕주住住 하소서 하고 축원한 것이 가까스

로 전해져 우리나라에 도착한 것이외다. 이제 그 내력을 찾으면 『유점사지』에,

대성 문수보살께서 친히 종을 주조하여 바다에 띄우셨으니 이는 주나라 목왕 63년 임신년의 일이었다. 바다에서 무려 953년을 떠다니다가 한 평제 원시 4년 갑자년에 친히 이곳 대지안 느릅나무 아래 큰 못에 이르렀다……. 이곳에 불법이 처음 전파된 것은 한 명제 영평 11년 임진년에 처음 불법이 전파되기 시작한 것보다 65년이 앞선 것으로서, 백마사는 아직 천하총림으로 건립되지 않은 시기였다.

이라 하여 53불이 '인연 있는 나라 땅에 이르렀다'[114]라는 축원을 받고, 바다로 떠돌아다닌 지 953년에 우리나라에 도착하여 느릅나무 아래에 친히 이르러 유점사를 이룬 것과, 그 연대로 보아 불법이 우리나라에 들어온 것이 한나라에 들어온 것보다 65년이 이르고, 또 유점사가 삼국에서 가장 오래된 사찰임을 말하는 것입니다. 또 다른 곳에 53불이

114　왕주유연국토往往有緣國土

바다에 떠돌다 우리나라 육지에 닿은 지점을 명기하였으니,

종이 바다를 떠다니며 여러 나라들을 거치다가 이 산 동쪽의
안창현 포구에 이르렀는데, 때는 신라의 제2대 임금 남해왕 원
년, 즉 전한 평제 원시 4년 갑자년이었다.

라고 하였습니다. 과연 953년이나 바다로 떠돌아다녔으면
'여러 나라를 수없이 떠돌았다'[115]이란 말이 당연하고, 또 천
년 표류에 유연국토를 찾지 못하다가 마침내 우리 땅에서 이
를 찾았다 하면 심히 고맙고 반가운 일입니다.

『유점사지』에 '이 산 동쪽의 안창현 포구에 이르렀다'[116]라
는 것은 지금 고성군인데, 해금강에서 남으로 오십삼불 표
착의 전설에 관한 지명이 많습니다. 해금강 바로 곁에 있는
것이 상공 바위라는 것이니, 조그마한 섬 위에 서남으로 향
하고 서 있는 바위가 오십삼불을 모시고 오던 배를 파선케
한 죄로 이 섬에 종신 유배의 형을 받아 천년풍우에 멀리 서
남으로 천축의 고국故國을 사모하는 것이요, 거기 다시 남으

---

115 역진제국歷盡諸國
116 시산동면안창현포구是山東面安昌縣浦口

로 해상에 배를 엎어 놓은 듯한 큰 바위가 있으니 이것이 저 불행한 사공이 실수로 뒤집어엎은 오십삼불이 타고 오시던 돌로 된 배입니다.

이 전설은 종종설從種說과 일치하지 않으니 그 시비를 판단하기 어렵거니와, 만일 석선설石船說이 사실이라 하면 오십삼불은 우리 조선의 땅을 그냥 통과하려다가 사공의 실수로 난파되어 부득이 헤엄을 쳐서 이 땅에 표착하여 유점에 자리를 잡게 된 셈인 즉, 만일 그렇다 하면 고맙고 반가운 맛이 좀 적어집니다.

한화휴제閑話休題[117]하고, 오십삼불은 안창현 포구에서 유연국토인 우리 땅에 상륙하여 영랑호반 현종암縣鐘嵓에서 첫 번 일체 중생을 깨달음에 이르게 하는 종을 울리고, 당시 현령縣令 노춘에게 현몽現夢을 한 뒤에 거기서 우리 일행이 오던 모양으로 개재를 넘어 유점으로 들어온 것입니다.

위에 인용한 글 중에 '느릅나라 아래 큰 못에 이르렀다'[118]라는 구절이 있거니와, 당시에는 지금 유점사 터가 큰못이었고, 그 못가에는 천년 묵은 큰 느릅나무 한 그루가 있었더

117　쓸데없는 얘기는 치움
118　친임대지안유수하親臨大池岸愉樹下

랍니다. 아마 문수대성이 오십삼불을 바다에 띄울 때에 법안法眼[119]으로 그것이 953년 후에 이곳에 올 줄 알고 느릅나무 움이 돋게 하였는지 알 수 없습니다. 오십삼불이 해상에 표류하는 동안에 이 큰 연못가에서는 커다란 느릅나무가 장성한 것입니다.

그런데 그 큰 연못 중에는 아홉 용이 살았더랍니다. 이 아홉 용이 인간에 폐를 많이 끼치던 것을 오십삼불이 법력으로 대지를 온통 울리고 흔들어 구룡을 쫓으니 구룡은 마침내 천년 근거지를 오십삼불에게 빼앗기고 구룡연으로 들어가 다시 나오지를 못하게 되었다는데, 외팔담에 팔룡이 있고 맨 밑 구룡연의 연못 속에 오십삼불에게 가장 많이 저항하던 두목 되는 용이 들어가 천만 세월에 천둥 벼락과 같은 포효성을 내고 있다 합니다.

이렇게 용을 몰아내고 오십삼불이 큰 느릅나무 가지 위에 좌정하고 있을 때에 꿈에서 교시를 받은 노춘이 강아지가 가리키는 길로 개재를 넘고 노루가 가리키는 길로 노루목이를 지나 은은한 종소리를 찾아 오십삼불 앞에 예배를

---

119 세상의 모든 법과 이치를 분명하게 비춰보는 눈

드리니, 이리하여 불법이 우리 땅에 전하였다 하며, 노춘의 처는 여인의 몸이라 감히 영험한 경내에 들어오지는 못하고 개재 밖 지금 백천리에서 약 10리 되는 데 있어서 불공미를 찧어 바친 공덕으로 지금까지 노부인盧夫人 사당에서 백성의 향화香火를 받고 있습니다.

오십삼불이 타고 왔다는 종과 오십삼불과 같이 왔다는 오동烏銅 향로를 근년까지 사찰의 보물로 전해 왔으나 몇 해 전 대한제국시절에 당시 궁내부 대신大臣 민병석이 찾아간 뒤로 소식이 묘연하다고 절의 스님이 한탄을 합니다.

그날 저녁식사 후에 반야암을 찾으니, 마침 법화회法華會를 한다 하여 수십 승려가 각지에서 모였는데, 그 중에는 머리를 기른 거사도 두 명이나 있습니다. 공부하는 차림 차림이 전혀 옛날식인 것이 심히 재미있습니다.

밤에 바야흐로 잠이 들었을 때에 문 밖에서 누가 내 이름을 부르므로 일어나 나가 본즉, 어떤 알지 못할 승려라 웬일이냐고 물은 즉, 그는 나를 이끌고 저 법당 앞 어두운 곳으로 가서 컴컴한 그림자 하나를 가리키고 어디로 스러져 버리고 맙니다.

그 승려가 스러지자 컴컴한 그림자가 내게로 움직여 오더니 내 팔을 꽉 잡으며 "○○이야요" 합니다. 나는 대답할 새도 없이 그를 껴안았습니다. 천애만리天涯萬里에 서로 이별한 지 사오 년이 지나도록 생사를 모르던 ○○이 승려가 되어 한밤중 유점에 서로 만날 줄을 뉘라 뜻하였겠습니까. 우리는 손을 이끌고 어떤 누상에 올라 만뢰구적萬籟俱寂[120]한 가운데 끝없는 회포를 푸는 담화를 나누었습니다. 그는 그동안 그가 지나온 기구한 생애를 말하고, 나는 나의 지나온 기구한 생애를 말하니 진실로 감개무량입니다.

나는 꺼리는 바 있어 그의 파란중첩한 반생을 말하지 못하거니와, 독자여 기다리라, 머지않은 장래에 반드시 숨겨진 높은 덕으로 그의 명성이 여러분의 귀에 들릴 날이 있으리라 합니다.

이 사람 여기서 볼 줄 그 뉘라 알았으리

회천웅도灰天雄圖가 일한납—寒衲 되단말가

도중생度衆生 삼생대원三生大願을 이뤄볼까 하노라

은선대隱仙臺

은선대는 유점에서 약 5리, 안무재를 넘어가는 길가에서 북으로 몹시 가파른 언덕을 올라간 데외다. 미륵봉의 왼 어깨 쪽이 동으로 흘러내려 8, 9의 기이한 봉우리를 연속으로 이루어 오는 중에 칠보대七寶臺 은선대가 되고, 은선대에서 다시 동으로 흘러서는 석봉石峯이 그치고 토산土山이 되어 외원통과 유점의 간격을 만드는 학소대鶴巢臺가 되고, 거기서 다시 남으로 휘어 흘러 개재를 이루었습니다. 은선대는 봉머리에 놓인 거대한 기암이니, 정상에 오르면 천만년 풍마우세風磨雨洗에 파이고 닳아간 바위가 의자의 모양을 이루고 혹은 병풍의 모양을 이루어, 고붓이(=약간 굽은 듯하게) 십여 명의 사람을 용납하게 되었습니다.

그러나 은선대는 대 자신이 좋은 것이 아니라 여기서 바라보는 경치가 좋은 것이외다. 대에 올라서서 북을 바라보면 하늘 끝에 깎아지른 듯 높이 치솟은 웅장한 자태가 비로의 성봉聖峯이요, 그곳으로부터 동으로 일출봉, 월출봉, 적멸봉 등이 난형난제하게 흰 구름으로 목을 감고 연이어 서 있어 동해를 덮은 흰 구름바다에 닿아 있습니다. 은선에서도 우러러보이는 적멸에는 같은 이름의 암자가 있었으나 지금은 사라지고 다만 암암巖巖한 바위와 무엇인지 멀어서 분간할 수 없는 수목이 무더기무더기 보일 뿐, 거기를 바라보면 진실로 인간 같지 않은 생각이 납니다.

불정대佛頂臺 중허리에 하얀 비단폭을 늘인 듯한 것이 유명한 십이폭포인데, 가만히 보면 폭포가 떨어지는 것이 아물아물 보이며, 또 귀를 기울이면 먼 우레 같은 소리가 은은히 들려옵니다. 장단의 차이는 있으나 십이十二라고 말할 만한 폭포가 수직으로 나란히 드리운 모양은 실로 천하의 기이한 광경이라 할 것이요, 또 그것을 바라보기 위하여 은선대가 생긴 것도 신묘한 일입니다. 다시 고개를 서로 돌리면 정말 천길 절벽이 이마를 마주 댄 계곡이 한없이 깊을 듯이 뚫리고, 그 밑으로 은가루 띠 같은 맑은 계곡물이 흐르는 모양은 안 보이고 소리도 안 들리게 흘러 내려가 외원통에 접하였으니, 이것이 일본인의 이른바 신금강新金剛이외다.

신금강이라 하면 새로 발견된 것 같거니와, 여기서 예부터 성문동聲聞洞이라는 이름이 있고, 그 속에 성문폭聲聞瀑이라는 폭포가 있는 줄도 알았던 것입니다. 은선대에서 북으로 조금 내려가 한 바위가 있으니, 이 바위에 엎드려 고개만을 쑥 내밀면 성문동의 깊은 골짜기가 나락 밑같이 내려다보입니다. 그 깊숙함, 그 위태함, 그 신기함, 진실로 비할 데가 없으니 금강의 절경 중에 기이하고 신비하기로 독특한 절경입니다.

은선대에서 석벽을 더위잡고 내려가면서 저 나락 밑 같은 골 깊은 곳에 갈 수가 있고, 또 거기서 비로봉 밑을 향하고 십여 리를 더 들어갈 수가 있다 하면 그 가는 길의 승경은 실로 글이나 말로 형용할 수 없다 하나, 여기서 내려다보고는 정말 거기를 내려갈 용기가 나지 않습니다. 한번 내려가면 당장에 좌우 벽이 무너져 내려와서 억 천 겁을 지내도 다시 오를 길이 없을 것 같은 것을 어찌합니까.

반드시 그 때문에 못 간 것도 아니거니와, 이럭저럭 그 좋은 데를 못 보고 온 것이 한입니다. 그러나 한 되는 것을 하나는 남겨 두어야 다시 갈 기회가 생길 것이니, 매월당께서 여덟 번을 금강산에 들었다는 것도 이 때문이 아닌가 합니다. 나는 이제 겨우 금강에 두 번째이니 아직도 여섯 번이나 남았은즉, 지금의 미진한 구경을 하려면 아직 멀었습니다.

미륵봉~중내원中內院

비가 오락가락하는 석양에 우리 일행은 용하龍夏 화상과 함께 중내원을 올라가는 길을 떠났습니다. 중내원에 가더라도 작은 암자에 산승 하나가 있을 뿐인즉, 식량도 충족하지 못하리라 하여 유점에서 양식과 의醫을 가지고 떠났습니다. 여기서 중내원이 20리, 사자목이를 넘을 때를 제하고는 모두 기어오르는 길입니다. 중내원에서 15분 정도 올라가는 미륵봉이 해발 5천여 척(=약 1,500m) 이라 하니 중내원도 4천 척(=약 1, 200m) 이상은 될 것입니다.

오는 길에 선담이 있고, 만폭동의 위험한 사다리가 있고, 사자목이라는 고개를 넘으면 이름 없는 커다란 너럭바위가 있고, 거기서부터 옥촉대玉燭臺 같은 4, 5개의 기묘한 연봉連

峯을 오른편에 끼고 급경사를 기어올라 봉우리 모퉁이를 들어가게 되는 곳에 거북 모양의 거대한 바위가 있으니, 이것이 귀암입니다. 중내원은 거북 도량道場이라, 바위가 모두 거북형으로 되었다 합니다.

귀암을 지나면 시계가 광활해지는데 이슬비와 같은 짙은 안개 속에 쓰러져 가는 일각 대문 같은 문이 있고, 그것을 들어가면 기울어진 너와로 된 작은 암자가 있으니 이것이 중내원이외다. 원 앞에 서서 사방을 바라보니 흰 구름과 검은 구름 중에 지척을 분간할 수가 없고, 차가운 바람이 운무를 날려 눈앞에는 눈이 어지러이 날릴 만한 운무의 소용돌이를 이루어 그 무시무시함이 마치 지옥문에 접한 듯합니다.

천기가 이 모양이어서는 오늘 내로는 미륵봉에 올라갈 수가 없으니 편안히 밤을 쉬고 밝은 아침에 구름과 안개가 걷히기를 기다리자 하여, 법당과 큰방을 겸한 실내에 들어가니 어둡기 밤과 같고 두꺼비를 연상케 하는 괴기한 용모를 가진 화상 하나가 누더기 솜옷을 입고 있습니다.

"여기는 일 년 열두 달 솜옷으로 지내어도 더운 줄을 몰라요" 하는 것이 그 화상의 말입니다. 진실로 춥습니다. 나도 고구라(=두꺼운 무명 직물) 양복을 입고, 비 외투까지 입었건만 입술이 퍼렇게 되도록 춥습니다. 오뉴월 더위에 더운 방에 등을 지지니 실로 별유천지입니다.

중내원에서 겨울을 지낸 이는 본원 개설 이래로 어떤 노승 하나와 선객 하나, 도합 두 사람밖에 없다는데, 지난 겨울에 매우 덕이 높기로 명성이 있는 중 하나가 여러 사람의 만류함도 듣지 않고 겨울을 나다가, 금년 2월에야 미음을 반 그릇이나 먹다가 남겨 놓고 죽은 것이 발견되었다 합니다. 가히 이로써 중내원이 얼마나 높은 곳인지를 알 것입니다.

괴화상이 정성으로 지어 주는 저녁을 달게 먹을 제 용하 화상은 오후 불식不食의 계행戒行을 지켜, 다른 사람들 먹는 것을 도와만 주고 자기는 먹지 않으며, 식사가 끝난 뒤에도 손수 식기를 부시고 방을 쓸고 걸레를 치고, 주인 화상과 꼭 같이 노역합니다.

용하 화상이란 내가 일전 유점에서 한밤중에 기이한 인연으로 만난 화상입니다. 그는 속세에 있을 때에도 내가 외경畏敬하던 인물이거니와, 오늘 그의 언어와 행동거지를 보건대, 진실로 수양의 향훈香薰이 사람을 파고듭니다. 그의 용모에는 항상 경건과 만족의 빛이 있고, 그의 편언척구片言隻句(=짧은 말과 글)에도 깨달음과 믿음과 순박한 맛이 있습니다.

나는 용하화상과 헤어질 시간이 멀지 아니함을 생각하고 아무쪼록 짧은 시간에 그에게서 들을 바를 다 듣고, 그에 대하여 말할 바를 다 말하려고 애를 썼습니다. 저녁식사 후에 조용한 담화의 기회를 얻기 위하여 옥외에 나와 황혼세우黃昏細雨 중에 암벽에 부딪치는 음산한 바람소리를 들으며 끝없는 이야기를 하였습니다. 그 중에 인생문제가 나오고 불교문제, 신앙문제, 사생死生 문제도 나왔는데, 가장 흥미 있는 것은 인생의 고락문제와 사생문제입니다.

　　괴로움도 공이요 즐거움도 공이라, 인생이 공화空華[121]니 공화에서 나오는 것이 모두 공이라. 고苦는 무엇이며 낙樂은 무엇이뇨. 고를 피하고 낙을 축함도 모두 다 공이로다. 사생도 그와 같으니 생도 공화이며 새도 공화라. 다만 윤회 일선一線의 억 천 겁을 관통할 뿐이로다. 바람이 구름을 날리니 나도 바람이요, 구름도 나며, 풀숲에 벌레가 우니 풀도 나의 전신前身이요, 벌레도 나의 전신이로다. 무궁무제한 공공 중에 신비한 겁화劫火[122]만이 번뜩이니 나의 성性도 그를 따라 명멸하는도다.

121　눈앞에 어른어른하나 잡을 수 없는 것
122　인간세계를 태워 재로 만들어버리는 큰 불

황혼은 더욱 깊어가고 바람과 구름은 더욱 재오치니 전
신에 전율이 옵니다. 그 전율은 반드시 추운 데서만 오는 전
율이 아닙니다. 아아, 인생이여!

관음보살 앞에서 그 밤을 지내고 번쩍 깨어 일기가 어떠
한가 하고 창을 여니 흰 구름 한 조각이 휙 날아 들어옵니
다. 천지는 여전히 운무에 잠기어 지척을 분간할 수가 없는데,
음산한 바람은 구름 가루를 날려 암담한 천지를 이루었습니
다. 조반을 먹고 나서 기다려도 운무가 걷힐까 싶지 아니하므
로 우리는 이것을 무릅쓰고 미륵봉에 오르기로 하였습니다.

암자에서 수십 걸음을 올라가면 태을암太乙嵒이라는 거대
한 괴암이 있으니, 바위의 한 모퉁이에 구멍이 뚫려 그리 뚱
뚱하지 않은 사람 하나가 가까스로 비벼 들어가게 되었습니
다. 이것을 한 번 통과하면 죄장罪障[123]이 멸한다 하여 관광
객 중에 나이가 젊고 기운이 왕성한 자는 반드시 한 번 시
험하는 데라는데, 우리 일행은 모두 젊고 왕성한 기운을 가
진지라 저마다 앞을 다투어 무사히 기어 나가서는 좋다고 소
리를 지릅니다.

---

123 죄에 의한 성불을 장애받는 것

그런데 이 구멍이 세로로 길어 모로 누워 빠져 나가게 되었는데, 일행 중에 한 분은 배가 중동에 걸려 팔다리로 허공을 차며 고민하는 절도할 여흥을 연주하였습니다. 그 구멍을 통과하여 엿가락 꼬아서 세워 놓은 듯한 바위를 기어오르면 절정까지 오를 수도 있다 하나 젖은 바위가 미끄럽기 그지없으니, 모처럼 죄장을 멸한 몸이 한 번 아차 하는 날이면 태을암 아래에 뼈 없는 귀신이 될 것이라. 효용무쌍驍勇無雙[124]한 이, 최 양군兩君도 올라갈 뜻을 그치고 소리만 한 번 힘껏 지르고는 거기서 내려와 바로 미륵봉으로 갔습니다.

　　워낙 금강의 험로 중에도 첫째, 둘째를 다투는 험로인 데다가 가는 비에 바위가 젖어 미끄러워 발을 옮겨 놓기가 어려우며, 더욱이 정상에 거의 다 올라가 날을 하늘로 향하여 세운 작두와 같은 바위를 네 발로 기어갈 때에 아슬아슬하기가 짝이 없는데다가, 이따금 모진 바람이 휙 불어올 때에는 혼비백산하여 그만 배를 바윗등에 꼭 붙이고 두 무릎과 두 팔로 안장 없는 말 잔등에 달라붙는 것은 아마 겁쟁이인 나 하나뿐이 아닌 것입니다. 이 바위에서 저 바위에 건너

뛰고 뛰어 오르고 기어오르고 안돌고 지돌고[125] 타고 넘기를 얼마를 하노라면, 싱겁게도 넓적한 미륵봉 머리의 미륵암 밑에 다다릅니다. 높이가 150척은 될 것 같고 주위는 400척은 될까. 정면 아랫부분만도 100척은 넘는 듯합니다. 길은 이 바위를 싸고 돌게 생겼는데 돌구멍으로 빠져나가는 데가 두 군데나 되고, 슬행膝行[126], 둔행臀行[127], 지행指行[128]하는 데가 너더댓 곳이나 되어 일주하기에 30분 이상은 걸립니다. 이 바위를 두루 세 번만 돌면 극락왕생을 한다 하나 극락을 못 갈 지언정 이것을 세 번 돌 용기는 안 납니다. 날이 청명하면 심히 시계가 광활하여 내외금강과 동해의 뛰어난 경관까지도 보인다 하며, 특히 여기서 동해의 일출을 보는 것은 삼생三生에 두 번 보기도 어려운 대단한 광경이라 하거니와, 불행히 운무로 하여 가끔 미륵암조차 반이나 묻히는 형편인즉, 우리는 다만 원융무애圓融無礙[129]한 마음만을 운무 속에 놓아 여기서 보일 경치를 상상만 하고 재회를 기약한 후에 중내원

---

125 등을 대고 돌기
126 무릎을 대고 지나감
127 엉덩이를 대고 지나감
128 손으로 붙잡고 지나감
129 통하여 일체의 거리낌이 없음

으로 내려왔습니다.

만일 미륵봉의 일출을 보려면 청명한 일기를 택하여 중내원에서 자고 새벽에 등불을 들고 봉우리 꼭대기에 올라가 일출을 기다려야 한다고 합니다. 그러하더라도 알맞게 일출 시에 구름이 없어야지, 그렇지 않으면 일생에 한 번도 보기 어렵다 합니다. 어떤 사람은 미륵봉 길을 헛길이라 하거니와, 운무의 경치인들 어찌 경치가 아니랴. 청명한 경치를 보는 이는 운무의 경치를 보지 못할 것이 아닙니까.

안무재

마하연을 향하여 유점을 떠났습니다. 유점서 여러분의 친절한 대우를 받은 것을 잊을 수 없으며, 그것이 그 분네들의 견성성불에 도움이 되기를 바랍니다. 나는 본래 교제에 서툴고 서신에 게을러 일일이 감사하다는 편지도 못 드렸건만, 편지의 유무가 나의 그 분네들에게 대한 감사에는 아무 상관이 없을 줄 믿습니다. 더구나 용하 화상과의 기이한 만남은 일생에 잊지 못할 대사건이라 언제 생각하여도 가슴이 두근거림을 금치 못합니다.

그와 나와는 삼생에 끊을 수 없는 무슨 큰 인연이 있는 듯합니다. 그가 나를 잊든 생각하든 간에, 나는 그를 잊을 수 없고 소중히 할 운명을 가졌습니다, 유점을 떠날 때에 그와 작별함은 심히 아픈 일입니다. 그러나 인생의 길이 떠날 때도 있고 만날 때도 있으니, 떠날 때가 될 때에는 안 떠날 수가 없는 것입니다. "잘가오!" "잘 있으라." 이리하여 인생의 또 하나의 이별이 생겼습니다.

　큰못의 구룡이 오십삼불에게 쫓겨 구룡연으로 달아날 때 뚫고 갔다는 돌구멍이 있는 구룡연을 지나, 이름도 아름다운 효운동曉雲洞을 지나 관목림 속으로 끝없는 길을 올라가니 숨이 막히고 땀이 흐릅니다. 저기만 가면 마루터기일 듯, 또 저기만 가면 마루터기일 듯, 아무리 가도 끝이 없습니다. 대관절 유점서 마하연을 어떤 미친놈이 20리라 하였던고, 안무재 이쪽만 하여도 50리는 될 것 같습니다. 관목림을 벗어나 상록림 지대에 들어서부터는 삼림미와 간간이 번뜩번뜩 보이는 내외금강 봉우리들의 조망이 꽤 좋습니다.

　이러한 평평한 곳을 얼마쯤 더 가면 이제야 겨우 안무재의 정상에 달합니다. 정상에는 해발 1천275m의 푯말이 있고, 수목은 없이 오직 봉봉蓬蓬(=흐트러진)한 풀 뿐인데 조망이 꽤 넓습니다. 유점에 올라오는 데는 경사가 완만하더니 여기서부터는 바람벽과 급경사인 데다가, 길이 온통 개천으로 변해 버려서 물과 돌 위를 껑충껑충 뛰어내리게 되었습니다.

가끔 커다란 전나무가 뿌리째 뽑혀서 길을 가로막은 것이 내금강에 비가 얼마나 심하였는지를 말합니다. 함지박을 만드는 사람들도 비가 오는 통에 다 쫓겨나가고 헛가게만 반쯤 쓰러져 있습니다.

어떻게도 길이 지리한지, 어떻게도 배가 고픈지, 정오 때나 되어 마하연에 다다라서는 그만 골아 떨어지고 말았습니다. 유점서 마하연이 분명 40리는 되는 것 같습니다. 이튿날 아침 여덟시에 내가 안내자가 되어 비로봉에 오르니 다시 만나는 봉우리라 이번에는 더할 수 없이 청명하여 도리어 은근한 맛은 없으나, 몇 번 보아도 싫어질 듯 싶지 않은 비로의 뛰어난 경관입니다.

비로에서 내려오니 오전 11시. 왕복40리~60리라 칭하는 40리를 3시간에 왕복하였으니 건각들이 아닙니까. 모두 한 번 뛰면 4, 5 걸음을 내려오니 껑충껑충 뛰는 모양들이 실로 용감하고 장하였습니다. 점심을 기다리는 동안에 우리는 마하연 보물인 호봉虎峯[130]의 화엄경 62권과 비구승인 만허신운滿虛辛芸의 혈서血書인 법화경 7권을 보았습니다.

---

130 법명은 응규, 조선 후기의 승려로 지혜롭고 글씨에 능해 지극정성으로 화엄경 80권을 필사하였다

주지승은 우리더러 이 실물을 보기 위하여 손을 씻고 양치하기를 청하므로 우리는 그대로 하고 꿇어앉아 먼저 호봉의 화엄경을 보았습니다. 다듬은 백지에 해서체로 작은 주까지를 베낀 것인데 일점일획도 힘 안 들인 것이 없으며, 호봉이 이것을 쓸 때에는 일자일배 一字一拜로 한 자를 쓰고는 절 한 번을 하였다 하며, 이것을 다 베껴 내기에 6년의 긴 세월을 허비하였다 합니다.

사람의 일생에 6년이라 하면 결코 짧은 동안이 아닙니다. 6년의 긴 세월을 허비하면 공덕될 말이 더 많으련만, 아무려나 그의 정성과 의지력과 경건한 신앙심은 반드시 그를 제도하였으리라고 믿습니다. 어찌 요새 양복 입고 아내를 끼고 육식하고, 더러운 세력 다툼으로 일을 삼는 분란과 말썽을 일으키는 화상배들이 괴사참사愧死慚死 [131]할 바가 아니겠습니까.

하물며 만허 신운의 혈서 화엄경을 대할 때에 종이 위에 떨어져 쌓인 혈흔이 오히려 새로운 것을 볼 때에 우리는 모골이 송연하였고, 맨 끝장에 역시 '비구만허신운위현재부모

---

131 죽을 만큼 몹시 부끄러움

형제일체친척혈서比丘滿虛辛芸 爲現在父母兄弟一切亲滅血書[132]라 한 것을 볼 때에 마음속 깊이 뜨거운 눈물이 흐름을 금할 수가 없었습니다.

생각하면 내게도 부모와 형제와 자매와 일체 친척이 있고 또 함께 웃고 우는 동족이 있다. 나는 무엇으로 그네 삼생의 제도와 안락을 위하여 축원할 것인고 하고 생각하니, 자기의 무위無爲한 반생이 부끄럽기도 그지없고 슬프기도 그지없습니다.

만일 내가 그들을 도탄의 고통 속에서 제도할 능력이 없을진대 차라리 출가 입산하여 천지와 신불에게 그들을 위한 읍혈泣血의 기도를 드리기로 이 값없는 일생을 바치고 싶습니다.

점심을 마치고 만폭동과 표훈 정양을 거쳐 장안사로 향하였습니다. 이번 비에 만폭동은 말이 못되게 퇴락하였습니다. 바위가 굴러 내려와 그 아름다운 모습을 크게 잃은 중에도 귀담은 아주 말도 못하게 되었습니다. 거북의 등에 보기 흉한 커다란 바위가 올라 앉아 겨우 거북의 대가리만이 남아

132 비구 만허가 현재의 부모형제 친척 모두를 위해 혈서를 쓰다

있습니다. 기왕이면 김 모가 더럽혀 놓은 법기보살이라는 글자나 깨뜨려버렸다면 좋았을 것을. 아무리 하여도 만폭동과 구룡연을 더럽힌 김 모의 허영심서 온 죄악은 수백 수만 년의 풍마우세의 공ㅍ으로나 겨우 씻어 버릴 듯하옵니다. 되지 못한 것에게는 오랜 세월 그 추함이 그치지 않게 된 것이 영광일는지 모릅니다.

백탑동 百塔洞

오늘은 백탑동을 보는 날입니다. 지난해에 금강에 들었을 때에도 백탑동을 보려 하였으나 중들이 하도 위협을 하고 동행이 없어서 못하였다가 이번에 소원을 이루게 되었습니다. 중들의 위협이란 다른 것이 아니라, 백탑동이란 심히 위험하다는 둥, 금강산 중도 별로 본 사람이 없다는 둥, 백탑동을 들어가려면 수일 양식과 한데서 밤을 지낼 준비를 해야 한다는 둥, 비록 백탑동에 들어간다 하더라도 문탑門塔 두 개밖에는 찾을 수가 없다는 둥, 이러한 것입니다.

진실로 장안사 중들 중에도 백탑동을 본 중이 없는 것은 사실인 듯합니다. 심지어 백탑동의 위치와 거리조차 여러 사람의 의견이 일치하지 않아 혹은 장안사에서 40리니 왕복이면 80리라 하고, 혹은 30리니 왕복 60리밖에 안 된다 하고, 혹은 엄청나게 왕복 백 리나 된다는 이도 있어 백탑동은 마치 세인이 들어오기를 허락하지 않는 무슨 신비경神祕境인 듯합니다. 우리는 이러한 신비경에 대하여 대단한 호기심을 가지고 길을 떠나 영원동의 깊은 계곡을 지나 수렴동에 잠깐 다리를 쉬었습니다.

수렴동까지는 망군대 길과 공통한 길이요, 오른편 시내를 따라 올라가면 백탑동이 되는 것입니다. 갈림길에서 오른쪽으로 들면 처음에 다소간 길의 흔적이 있더니 과연 얼마 가지 않아 전혀 길이 없어지고 맙니다. 냇물을 거슬러 얼마를 들어가다가 물굽이가 한번 휘는 곳에 좌우로 절벽이 서 있는데, 우러러 본 즉 좌우에 거대한 바위가 마치 무수한 원판과 다각판을 쌓아놓은 듯하여 수백 장의 탑인 듯한 감을 줍니다. 거기서 점점 들어갈수록 산에 있는 바위가 모두 그 모양으로 탑의 형상을 이루었으니, 옳다 백탑동이로구나 하는 생각이 납니다.

이 모양으로 혹 폭포를 거슬러 오르고, 혹은 관목숲을 헤어나 아마 10리 정도를 올라가면 백 척은 넘을 폭포 하나가 있고, 그 폭포 좌우에 꽤 묘하게 생긴 탑형의 바위기둥 둘이 섰으니, 그 밑에 문탑이라는 글자가 새겨져 있습니다. 그러면 아까 우리가 문탑이라고 보던 것은 기실 문탑이 아닌 모양이나, 동구洞口를 턱 옹호하는 그 위치로 보든지 그 생김생김의 위대함으로 보든지 무슨 이름이 없을 수가 없으니 이것은 외문탑外門塔이라고 명명을 할까.

좌우에 문탑이 있고 그 사이에 폭포가 있어, 이 폭포 가로 올라가지 않고는 백탑동 안으로 들어갈 수가 없게 생겼습니다. 그 사이가 30척은 될까. 만일 물만 불어나면 나는 새가 아니고는 동천에 들어갈 수가 없습니다.

폭포가로 기어올라 얼마를 가니 동천이 활짝 열리는 곳에 큰 너럭바위가 있고, 그 너럭바위 위에 4, 5의 이름 따위가 있으며, 거기 서서 사방을 둘러보니 기괴한 형상을 이룬 무수한 봉우리들이 창칼 모양으로 거의 원형을 지어 에워쌌는데, 그 봉머리의 바위가 모두 탑 모양으로 되었습니다. 혹은 원형으로 혹은 다각형으로 누룩 짝을 쌓아 올린 듯한데, 이러한 은백색의 탑이 무수히 하늘에 닿을 듯 나열된 것은 실로 기이한 광경이라. 아마 백탑동을 제외하고는 천하에 다시 없을 것입니다.

안내자에게 탑이 어디 있느냐고 물어본즉 저 골짜기의

막다른 곳에 다보탑이 있고 아까 들어온 곳에 문탑 두 기가 있어 도합 세 탑이 있을 뿐이요, 다른 탑은 없다고 합니다. 그러면 왜 백탑동이냐 한즉, 글쎄 왜 백탑이라는지 알 수가 없다고 합니다. 옳다 알았다, 중들이 백탑을 본 자가 없다고 하는 것도 이 때문이로구나, 그들의 눈에는 문탑과 다보탑이 보일 뿐이요, 저 봉머리의 백 탑, 천 탑이 안 보이는 것이로구나.

기실 이 동구 내에 있는 바위는 모두 첩첩층층으로 되어 탑형을 이루지 않은 것이 없으니, 천 탑, 만 탑, 그 수를 셀 수 없거니와, 발음의 편의상 백탑동이라고 지은 것이 옛사람의 뜻인 듯합니다. 금강산 내에 백탑동이 있고, 천불동이 있고 만폭동이 있으니, 이 이름이 다 나름대로 유래가 있는 것이지 결코 되는 대로 지은 것이 아닙니다. 천불동은 세상에 본 사람이 드물고 나도 아직 보지 못하였으며, 오직 양봉래의 말을 들어 천불동에 들어가도 길을 짐작할 따름이거니와, 백탑동에 비추어 보건대 천불동 내의 모든 바위가 다 불상의 형상을 띠었을 듯합니다. 그뿐더러 그것이 다 기기묘묘하여 반드시 한번 가볼 가치가 있으리라 믿습니다.

백탑동천이라는 너럭바위에서 동남쪽으로 물을 따라 수

십 분을 들어가면, 앞에 삼림 깊은 큰 산이 막히는 곳에 일 좌대탑이 하늘에 닿았으니, 이것이 백탑동의 본존인 다보탑 입니다. 누가 이것을 자연의 풍마우세로 우연히 형성된 것 이라 하랴.

탑은 5층이라 할 만한데 그 전체의 시미트리로 보든지, 윤 곽의 우아하고도 장엄한 곡선으로 보든지, 각 부분의 비례 와 조화로 보든지, 또 그것이 주변의 봉우리들에 조응 照應 하 는 위치로 보든지, 실로 천재의 명장의 손으로 바위를 뚫어 만들어 낸 것이라 할 수 있습니다. 그러면서도 인공적인 꿰 어맞춤과 뚫어 만든 흔적과 좀스러운 정교 精巧 가 없는 것이 더욱 아름다우며, 게다가 수천만 년 고색이 창연하고 우러 를 만한 것이 실로 사람으로 하여금 머리를 숙이게 하여 차 마 돌아서지 못하게 합니다.

수미암 아래의 수미탑도 꽤 신기하거니와, 비록 웅대함이 다보탑보다 낫다 하더라도 그 우아하고 신비한 점으로는 멀 리 이에 미치지 못합니다. 하느님이 무슨 뜻을 두어 천만 년 세월을 허비하여 이를 착성 鑿成 [133] 하였는고.

---

133 구멍을 뚫어 세움

다보탑을 우러러보고 백탑동 전체를 심중에 그려 보면, 바로 무슨 뜻이 있어 계획한 것이나 같습니다. 장안사로부터 다보탑에 오르는 경로가 이러합니다. 명경대의 큰 방패로 턱 앞을 막아 놓고 천곡만곡千曲萬曲 영원동의 20리 미로를 거슬러 올라 백옥과 같은 수렴으로 영경靈境을 한 번 더 가리운 뒤에, 높은 산은 두 개의 거대한 탑인 외문탑으로 성전의 입구를 삼고, 다시 백 장의 폭포와 양쪽의 문으로 내원의 성스러운 경지를 새기고, 내원의 중앙에 큰 너럭바위를 놓아 거기서 천고의 처녀림 위로 다보탑을 멀리 우러러보게 하고, 하늘에 닿은 무수한 백탑봉으로 첩첩이 성스러운 곳을 에워싼 뒤에 내원의 지성소至聖所라 할 만한 곳에 다보탑을 모시게 하였으니, 실로 계통이 분명한 하나의 거대한 성전입니다.

　　백탑동 깊은 골에 드는 길이 어떻더뇨

　　천곡수 만곡수 물만 따라 오르다가

　　동천이 열리는 곳에 궤좌정례跪坐頂禮[134]를 하여라

134　꿇어앉아 이마가 땅에 닿도록 하는 절

백탑동에서 내려오던 길에 성군대聖君臺를 올라가 3년 전에 보던 경치를 한 번 다시 보고 장안사에 되돌아오니 거의 황혼이라, 이날 걸은 길이 백 리쯤 된다고 합니다. 그러나 수렴동에서 다보탑까지가 20리는 다 될 것 같지 아니 합니다. 비록 오늘 왕복이 80리라 하더라도 어제의 100리 정도와 합하여 어지간히 걸은 셈이라 심히 몸이 피곤하나, 남이 못 보는 백탑동을 본 것을 매우 기뻐하였습니다.

　　백탑동 구경으로 다시 금강에 든 목적도 다 달하였습니다. 아직도 남은 것이 비로봉의 일출과 월출을 보는 것과, 발연의 달님 목욕을 하는 것과, 성문동聲聞洞에 들어가는 것이거니와, 이보다도 금강의 봄 풍경과 가을철 단풍과 겨울철 구름 풍경을 봄이니, 두 번씩이나 금강에 들었건만 이제 겨우 금강 전경全景의 삼분 내지 사분의 일을 보았음에 불과합니다. 이것을 다 보려면 세 번, 네 번 오고 일곱 번, 여덟 번이나 와야 할 것 같습니다.

　　그러나 이만하여도 지구의 자랑인 금강산의 개략은 보았으니 고려국에서 탄생한 보람은 되었는가 합니다. 나의 졸렬한 감상력과 필력으로 나의 사랑하는 조국의 자랑인 금강의 아름다움을 그리게 된 것은 크게 영광으로 아는 바이거니와, 비록 나의 졸렬함이 금강의 아름다움을 잘못 전하였다하더라도 금강산은 엄연히 실재하여 누구든지 친히 보려면 언제나 볼 수 있으니, 그리 큰 죄는 아니될까 하옵니다.

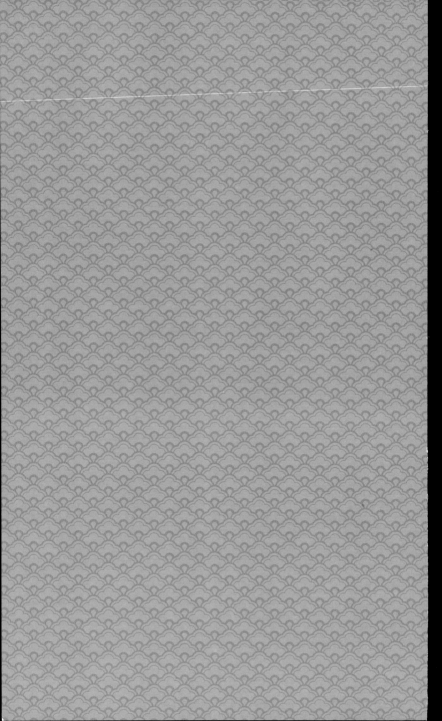